青少年趣味编程

（适用于中学阶段）

达内童程童美教研部　编著

電子工業出版社
Publishing House of Electronics Industry
北京 · BEIJING

图书在版编目（CIP）数据

青少年趣味编程：适用于中学阶段：全 4 册 / 达内童程童美教研部编著 .— 北京：电子工业出版社，2017.9
ISBN 978-7-121-32474-1

Ⅰ.①青… Ⅱ.①达… Ⅲ.①程序设计－中学－教学参考资料 Ⅳ.① G634.673

中国版本图书馆 CIP 数据核字（2017）第 195093 号

策划编辑：蔡　葵
责任编辑：裴　杰
印　　刷：北京天宇星印刷厂
装　　订：北京天宇星印刷厂
出版发行：电子工业出版社
　　　　　北京市海淀区万寿路 173 信箱　邮编：100036
开　　本：787×1 092　1/16　印张：37　字数：923 千字
版　　次：2017 年 9 月第 1 版
印　　次：2017 年 9 月第 1 次印刷
定　　价：158.00 元（全 4 册）

凡所购买电子工业出版社图书有缺损问题，请向购买书店调换。若书店售缺，请与本社发行部联系，联系及邮购电话：（010）88254888，88258888。

质量投诉请发邮件至 zlts@phei.com.cn，盗版侵权举报请发邮件至 dbqq@phei.com.cn。

本书咨询联系方式：（010）88254595，xdhx@phei.com.cn。

序　言

在信息时代和人工智能时代，编程将成为一个人适应外部世界的基本的技能，世界各国都在推动编程教育，美国总统奥巴马亲自推动“编程一小时”活动，并呼吁美国小朋友“别总在手机上玩，要去编程”。微软总裁萨提亚说：“计算机科学可以打开这个世界上最好的机会”。编程教育越来越受到人们的重视，那么，为什么“编程教育的普及要从娃娃做起”呢？

第一、孩子非常善于吸收新知识，掌握新技术，让他们早早接触代码就会早日发现孩子在编程和设计方面的天赋。比尔盖茨、扎克伯格、乔布斯，他们都是从小学就开始编写程序了，从小就开始编程思想的培养和编程技术的积累，为他们后来成就大事业奠定了坚实基础。

第二、爱玩是每个孩子的天性。电子游戏也是软件，而且是具备很强逻辑性的软件。爱玩游戏的孩子通常也会是编程的高手，与其控制孩子玩游戏，不如鼓励孩子编游戏，他们将从玩游戏寻找快乐转化为编写游戏来寻找快乐。编程是实现寓教于乐的最好课程。

第三、所谓的编程就是将人类的想法按照一定的编码规则，变成计算机可以识别的代码和语言，让计算机帮助人们实现数学运算、事物处理和信息查询等。计算机程序通常具备很强的逻辑性，完成一个程序就是在完成一个项目，一个任务。因此，编程可以锻炼孩子的逻辑思维能力和创新能力，同时又可以锻炼其建立、完成和管理项目的能力。此外，编程教育更注重学习过程，注重知识与生活的联系，能够培养和提高孩子发现问题、分析问题、解决问题的综合能力。

韩少云

前　言

2016 年 3 月，AlphaGo 计算机程序轻取围棋九段棋手李世石，立刻引发全世界的讨论。这一里程碑事件向世界证明，机器可以像人类一样思考，甚至比人类做得更好。乐观人士相信人工智能技术的突破将极大推动生产力的提高。但同时也激发了对人工智能或将取代人类工作的焦虑情绪，甚至有人担心人类最终会创造出连自己都无法控制的智能机器。这种担心都源于人们对人工智能的底层技术不了解，人工智能的底层技术即为信息技术，而信息技术的核心就是编程。在人工智能时代，编程教育的发展尤为关键，编程越来越成为这个时代必备的素养，就像看书识字一样，提倡从小培养编程思维。

编程是什么呢？简单讲，就是对计算机、智能设备或网站发出指令，告诉它们你想要做什么。麻省理工学院教授米切尔•雷斯尼克（Mitchel Resnick）说："当你学会编程，你会开始思考世界上的一切过程。"通过编程系统训练的学生，分析能力、抽象的逻辑思维能力、推理能力及综合创新能力会得到很大的提高，编程训练不仅与文化课学习不矛盾，而且能极大地提高文化课的学习能力，提高成绩，达到全面发展。编程是信息技术的"核心技术"，具备编程天赋潜质的优秀学生在中小学时期未打下一定的编程基础，其实是很可惜的。

为什么要从 JavaScript 学起呢？

JavaScript 编写的程序依托浏览器解释运行，每写一行代码其效果可以呈现在浏览器上，及时显示效果可以增强孩子们学习编程的热情。JavaScript 是一门当下很流行并且很有前途的语言，是未来 5 到 10 年主流的编程语言，还可以跟未来的职业紧密地结合起来；它是一种解释型的脚本语言，采用弱类型的变量，对使用的数据类型未做出严格的要求；其设计简单紧凑，学起来比较简单，是初学者学习编程的最好选择。

如何阅读本书？

全书是以“飞机大战”游戏为主线，每节课都有一个项目目标，并且配有 3 个左右的知识点来讲解 JavaScript 的基础知识，其中也会有 HTML 语言相关知识的简单介绍。与此同时，为了让大家能更好地灵活运用，针对所学的内容还会有两节项目展示课：“愤怒的小鸟”游戏和“植物大战僵尸”游戏，以及一个共计四节课的“捕鱼达人”游戏的项目实战。

我们在不断的教学中总结出了一套适合青少年学习编程的教学方法“六学三看一战”。此教学方法在本书当中也有体现。

“六学”指的是趣味编程的课堂按照“码上回顾”、“码上讲”、“群策群力”、“查缺补漏”、“亲自出码”、“一码当先”六步进行教学。

“码上回顾”：每次课前的 10 至 15 分钟，老师出一道编程题目，学生进行编程，通过这种方式让学生回顾上一次学到的知识。学生编程过程中老师可以不断观察每个学生的编程情况，了解学生对各个知识点的掌握程度。

“码上讲”：这个环节中会有计算机英语、项目目标展示、知识点讲解以及码到成功等栏目来剖析本次课的主要内容。每次课前，都会有知识目标和项目目标。所谓知识目标，就是每次课所要学习的主要编程知识；项目目标，是每次课所要实现的项目效果。编程语句都是由英文和其他一些符号组成的，为了更利于编程知识的学习，在进行编程之前先学习编程中遇到的英文单词。因此，设立了“计算机英语”栏目。“讲一讲”栏目，是对编程知识的讲述。“码到成功”栏目，强调的是对编程的练习。如果只是纸上谈兵，只看不做，你就无法感受到程序成功运行那一刻的快乐和成就感。另外，还有“欢乐秀一秀”栏目，通过题目来复习巩固所学习的知识，而且在书籍的最后也都会有详尽的答案解析。

“群策群力”：课上老师给出一个讨论题目或编程题目，按小组的形式进行讨论或编程，锻炼学生语言表达、团队合作等能力。老师在此环节轮流参加各组讨论，及时了解学生的听课效果。

“查缺补漏”：老师会根据群策群力环节的结果，针对大多数同学的共性

问题，再次进行强化讲授。

“亲自出码”：学生自己完成课堂知识并总结案例，用于检验学生课堂内容的掌握程度。老师对每个学生的编程实现过程及结果进行一对一分析，对学生的知识漏洞再次进行弥补，确保学生能全部掌握课堂所学内容。

“一码当先”：让学生在课后完成编程作业题目，分为必做题和选做题。必做题是对当次课所讲知识的复习巩固；选做题，面向学有余力的学生，是对学生编程思维的拓展与提升。课程结束后，老师也会与家长沟通，把家长纳入学生的编程学习过程，督促家长为学生的作业负责。这样就解决了课后老师对学生后续学习辅导力不足的问题，而且还增加了老师与家长的互动和交流。

“三看”：指的是家长可以通过每次课后的学习报告、四次课一测的测评成绩以及十次课一展示的项目展示课来看学生的学习效果。

“一战”：指的是项目实战。课程最后以一个真实的项目让学生将所学知识进行综合运用，使学生的编程思维完整落实。

目前，市面上计算机编程类的书籍有很多，大多都是以专业书籍为主，针对少儿编程教育的图书可谓是凤毛麟角。此次出版的系列图书，为美国纳斯达克上市教育机构——达内教育集团旗下的童程童美自主研发，依托集团 15 年积累的 IT 培训经验和百余名 IT 精英教研团队的优势，书籍内容专为中学阶段的学生订制，在兴趣培养和思维锻炼的同时，传授前沿技术，让中国的青少年接触到编程教育，与国际发达国家青少年教育接轨，让中国青少年赢在 IT 互联网时代的起跑线上！

本书用轻松愉快的方式、通俗易懂的语言，以及充满乐趣的图示，帮助读者轻松学习编程基础知识，适合于中学生以及一切编程初学者。

目录 Contents

第一课　写文字和警告框

知识目标

- 路径的应用
- 使用 fillText 方法在画布上写文字
- 使用 ctx(画笔) 的 font 属性设置文字的字体和大小
- 使用 alert 方法，在浏览器窗口中弹出警告框

项目目标

- 在游戏界面上写出飞机大战游戏的分数

画飞机

（1）在画布上画 4 架飞机，4 架飞机的位置为正方形的 4 个角。

（2）确定 4 架飞机的位置。

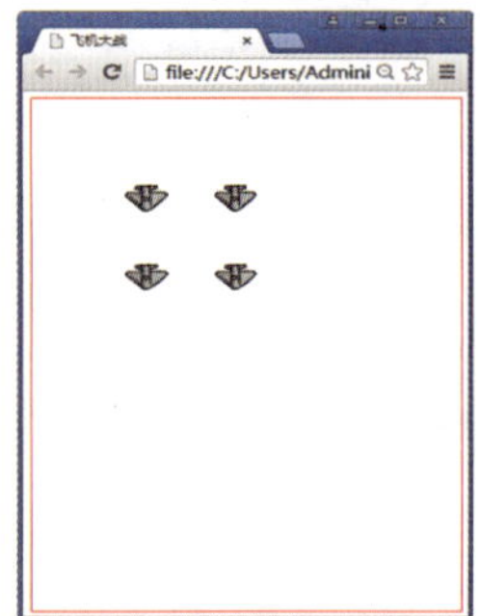

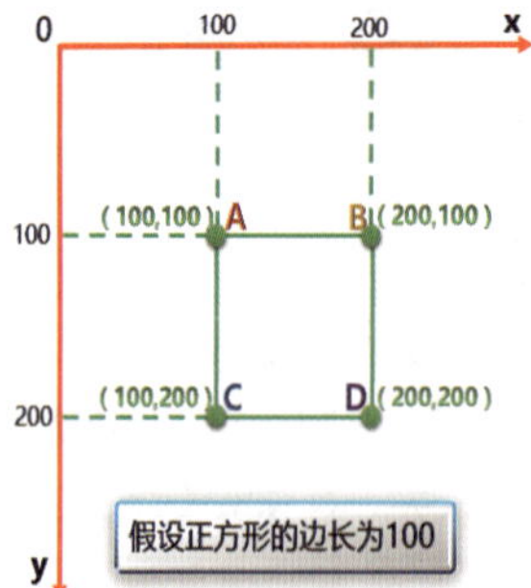

画 4 架飞机，4 架飞机的位置为正方形的 4 个角，代码如下：

```
window.onload = function() {
        ctx.drawImage(enemy, 100, 100);
        ctx.drawImage(enemy, 200, 100);
        ctx.drawImage(enemy, 100, 200);
        ctx.drawImage(enemy, 200, 200);
}
```

更改图片

每一张图片都有它在电脑里的位置。

如下代码：

```
var enemy1 = new Image();
enemy1.src = "images/enemy.png";
```

第一行代码，我们可以先简单地理解为，在程序中为将要用到的图片创建一个图片名称（后续我们会对它做详细阐述），被标红的就是图片的路径，代表这张图

片在电脑中的位置为 images 文件夹里，文件夹里的图片名称为 enemy.png（是图片的真实名称），我们把这个路径位置存储到在程序里创建的图片名称上，也就是 enemy1 上。于是，就可以在程序里用 enemy1 这个名字来使用 images 文件夹里的 enemy.png 图片了。（这里的 src 是用来存储图片路径的，至于如何应用，后续章节会有详细说明）

那如何更换图片呢，我们只要把图片的路径进行更改，图片就会被换掉。

代码如下：

```
var enemy1 = new Image();
enemy1.src = "images/enemy.png";
```

```
var enemy1 = new Image();
enemy1.src = "images/enemy2.png";
ctx.drawImage(enemy1, 300, 200);
```

路径里图片的名称做了更换，不影响我们程序中创建的图片名称，所以画图片时依然用 enemy1 。

绝对路径

绝对路径：是从盘符开始的路径或从根目录开始的路径。如：

E:/workspace/shooter/index.html

/shooter/index.html

请看如下图片：

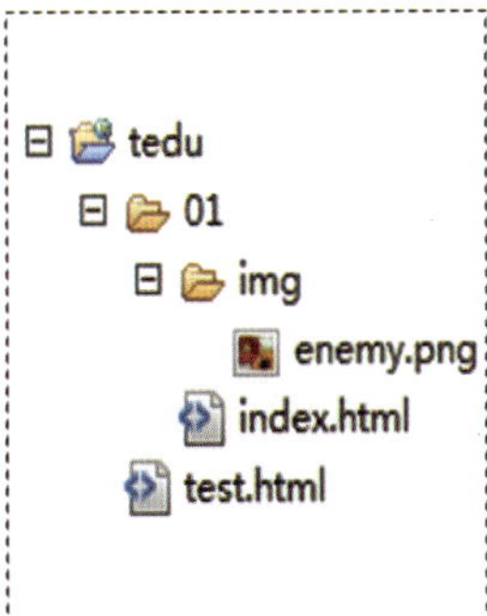

如何通过绝对路径找到 test.html 文件和 index.html 文件？

/tedu/test.html
/tedu/01/index.html
若要在 test.html 和 index.html 两个文件中分别加载 enemy.png 图片，应该如何写路径？
/tedu/01/img/enemy.png

相对路径

请看如下图片：

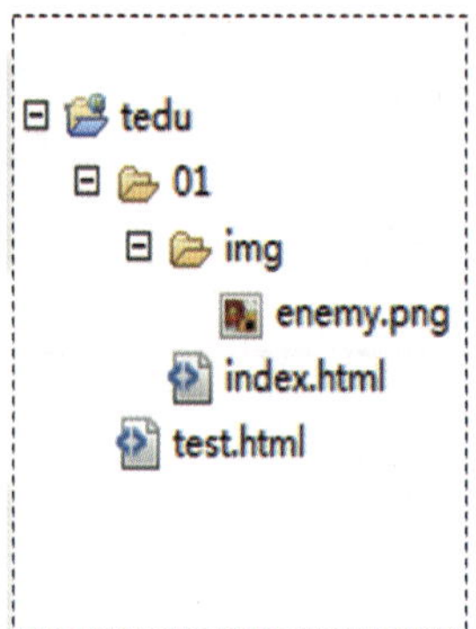

若要在 test.html 和 index.html 两个文件中分别加载 enemy.png 图片，应该如何写路径？
在 test.html 文件中加载 enemy.png 图片路径：01/img/enemy.png
严格应该写为：./01/img/enemy.png
在 index.html 文件中加载 enemy.png 图片路径：img/enemy.png
严格应该写为：./img/enemy.png
./ 表示当前目录
请看如下图片：

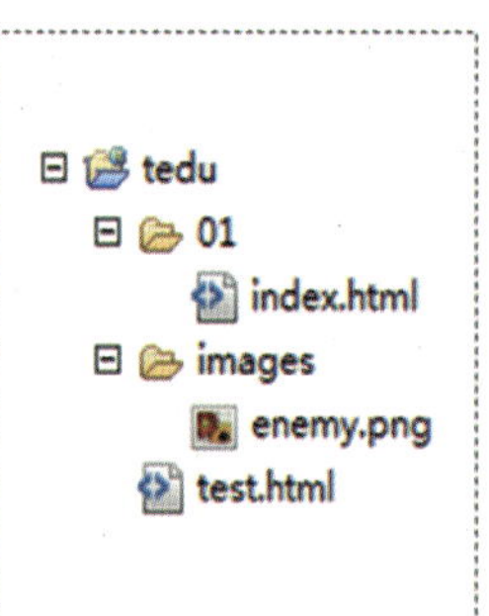

若要在 test.html 和 index.html 两个文件中分别加载 enemy.png 图片，应该如何写路径？
在 test.html 文件中加载 enemy.png 图片路径：images/enemy.png
在 index.html 文件中加载 enemy.png 图片路径：../images/enemy.png
../ 表示回到上一级目录

请看如下图片：

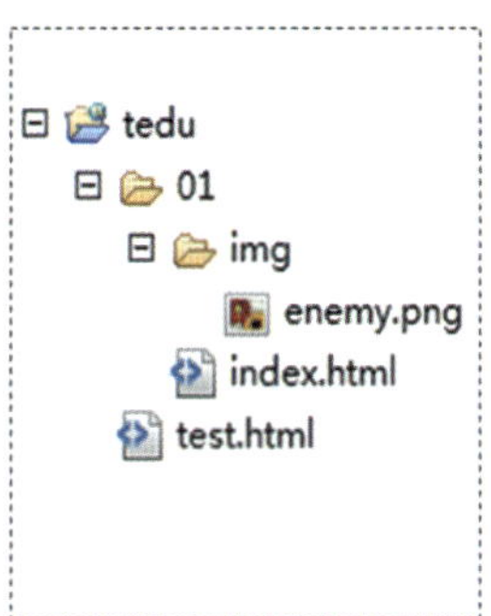

在 test.html 文件中加载 enemy.png 图片，代码如下：

```
var enemy = new Image();
enemy.src = "01/img/enemy.png";
ctx.drawImage(enemy, 300, 200);
```

在 index.html 文件中加载 enemy.png 图片，代码如下：

```
var enemy = new Image();
enemy.src = "img/enemy.png";
ctx.drawImage(enemy, 300, 200);
```

请看如下图片：

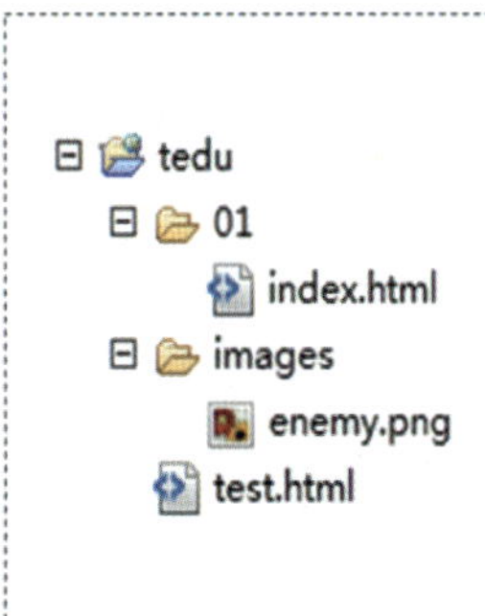

在 test.html 文件中加载 enemy.png 图片，代码如下：

```
var enemy = new Image();
enemy.src = "images/enemy.png";
ctx.drawImage(enemy, 300, 200);
```

在 index.html 文件中加载 enemy.png 图片，代码如下：

```
var enemy = new Image();
enemy.src = "../images/enemy.png";
ctx.drawImage(enemy, 300, 200);
```

fillText 方法—写文字

```
ctx.fillText( ① , ② , ③ );
```

（1）fillText 方法用于实现在画布上写文字。

（2）fillText 方法的小括号里，由两个逗号分隔成了 3 个部分，在①处放置你要写的文字；在②处放置所写文字位置的 x 坐标；在③处放置所写文字位置的 y 坐标。

（3）注意：fillText 方法中的 T 需要大写。

（4）在画布上坐标为（100, 200）处写“飞机大战”，代码如下：

```
ctx.fillText (" 飞机大战 ", 100, 200);
```

（5）在画布上坐标为（100, 200）处写“飞机大战”，显示效果如下：

ctx.font 设置文字的大小和字体

ctx(画笔) 的 font 属性用于设置文字的字体和大小。

从上面可以看出，font 属性后面是一个等号，等号后面是一对双引号，双引号里面用空格分成了两部分， 在①处放置文字的大小，②处放置文字的字体。

设置文字的大小为 80px，字体为宋体，在画布（180, 305）处写“飞机大战”，代码如下：

```
③ ctx.font = "80px 宋体 ";
④ ctx.fillText(" 飞机大战 ", 180, 305);
```

- 我们用 ctx.font 对文字属性进行设置如③，font 后面用赋值运算符“=”连接，把文字大小与字体样式赋值给 ctx.font，文字大小与样式用双引号引起来，中间用空格分成两部分。
- 写文字用 fillText 方法，如④小括号里由三部分组成，第一部分是书写的内容，在这里写的是画布上出现的文字，需要用双引号引起来，后面用逗号分隔的两个数值分别是 x 轴和 y 轴的坐标值。

写出游戏分数

使用 50px 的字号，楷体字体，在游戏界面 (50, 100) 的位置写出飞机大战的分数，显示效果如下：

代码如下：

```
ctx.font = "50px 楷 体 ";
ctx.fillText(" 分数：10", 50, 100);
```

fillstyle 属性设置文字的颜色

代码如下：

```
ctx.font = "50px 楷 体 ";
ctx.fillStyle = "red";
ctx.fillText(" 分数：10", 50, 100);
```

ctx(画笔) 的 fillStyle 属性用于设置文字的颜色，把要设置的颜色用双引号引起来赋值给 fillStyle 属性。改变“飞机大战”的颜色，代码如下：

```
ctx.font = "80px 宋 体 ";
ctx.fillStyle = "blue";
ctx.fillText(" 飞机大战 ", 180, 305);
```

程序运行效果如下：

alert 方法—警告框

```
alert(   );
```

（1）alert 方法用于实现在浏览器窗口中弹出一个警告框。

（2）alert 后面是一对小括号，小括号里面即为在警告框中显示的内容。

（3）在浏览器窗口中弹出一个警告框，上面显示的内容是“你好，我来了”，注意要显示的内容用双引号括起来，代码如下：

```
alert(" 你好，我来了 ");
```

（4）在浏览器窗口中弹出一个警告框，上面显示的内容是“你好，我来了”，显示效果如下：

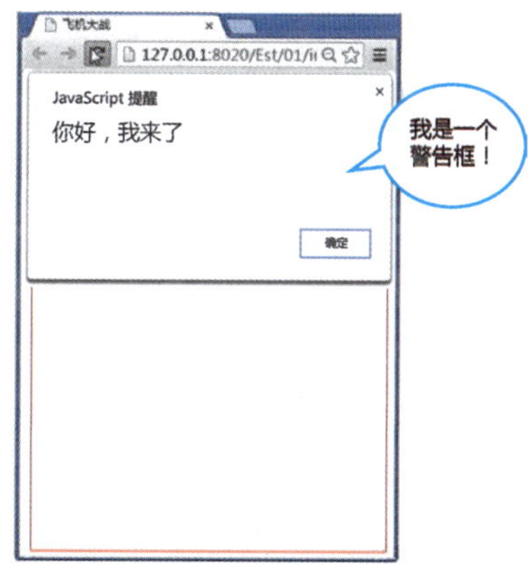

电脑被黑

代码如下：

```
alert(" 你的电脑已被病毒入侵！ ");
alert(" 你点我也没有用！ ");
alert(" 你点完我还是能出来！ ");
alert(" 放弃吧，你的电脑没救了 ...");
alert(" 年轻人，那么执着干嘛呢？ ");
alert(" 看你这么辛苦 ..");
alert(" 要不我再陪你玩儿会儿？ ");
alert(" 算了，放过你吧 ...");
```

运行如上代码会发生什么效果呢？（放心，不会把你的电脑整垮，嘿嘿） 赶快自己体验一下吧！

（1）下列路径中，哪个是绝对路径，哪个是相对路径

A. C:/workspace/tedu/01/images/enemy.png ________

B. ../tedu/01/images/enemy.png ________

C. /tedu/01/images/enemy.png ________

D. images/enemy.png ________

（2）在画布上 (300,200) 的位置写出“大声唱歌”四个字，以下代码正确的是（ ）。

A. ctx.fillText(大声唱歌 , 300, 200);

B. ctx.fillText(" 大声唱歌 ", 300, 200);

C. ctx.alert(" 大声唱歌 ", 300, 200);

D. ctx.fillText(" 大声唱歌 ", 200, 300);

（3）将“大声唱歌”这四个字，设置成隶书，60 号字，以下代码正确的是（ ）。

A. ctx.fillText(" 大声唱歌 ", 300 , 200);
   ctx.font = "60px 隶书 ";

B. ctx.font("60px", " 隶书 ");
   ctx.fillText(" 大声唱歌 ", 300, 200);

C. ctx.font = "60px 隶书 ";
   ctx.fillText(" 大声唱歌 ", 300, 200);

D. ctx.font = "60px, 隶书 ";
   ctx.fillText(" 大声唱歌 ", 300, 200);

（4）在警告框上显示“我想去游乐园”，以下代码正确的是（ ）。

A. alert(" 我想去游乐园 ");

B. alert(我想去游乐园);

C. font(" 我想去游乐园 ", 300, 200);
D. ctx.fillText(" 我想去游乐园 ", 300, 200);

（1）将你的名字写在画布上的任意位置，使用楷体，70px。
（2）在警告框中显示你的名字。

必做题

（1）画出如下图所示的飞机，使飞机排列成一个倒三角。
（2）写出“飞机大战”四个字，设置文字的颜色为红色，大小为 80px，字体为华文琥珀。
（3）在警告框上显示“游戏即将开始”。

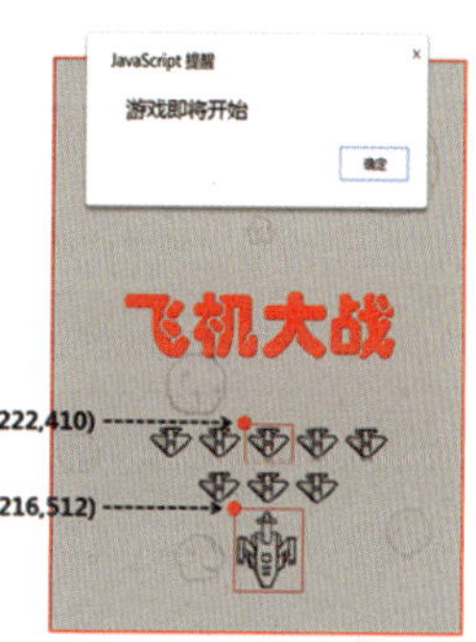

选做题

将敌机以菱形排列，如下图所示：

童
程
童
美

课后心得

第二课　变量

知识目标

- 变量的声明及使用
- 数值型变量的声明及使用
- 数据类型
- 字符串变量的声明及使用
- 变量的可变性

项目目标

- 用变量表示飞机的坐标位置

计算机英语

variable

var 用于定义变量

age 年龄

name 名字

score 分数

讲一讲

什么是变量

变量是存储信息的容器。

假如有一只空杯子，我们把数字 1 放入这只杯子里，接着我们给这只杯子取名字为 n，那么 n 就是变量。

声明变量

```
var 变量名 = 变量存储的信息;
```

（1）声明变量的关键字是：var。

```
var n = 1;
```

（2）声明变量要用关键字 var，n 是变量名，数字 1 就是变量 n 中存储的信息。

变量的使用

（1）在警告框上显示变量的值，代码如下：

```
var n = 1;
alert(n);
```

（2）在警告框上显示变量的值，显示效果如下：

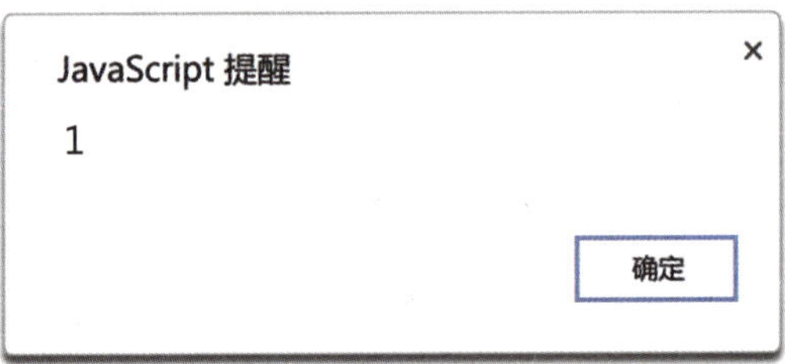

从警告框显示的结果可知：将数值 1 赋值给变量 n，那么变量 n 中存储的内容即为 1。

变量的命名规则

可以给变量取名为你喜欢的任何名字。名字长短由你来定，里面可以有字母、数字、下划线（_）和美元符号（$），不过对于变量名还有几条规则：

（1）变量名区分大小写，大写和小写是不同的，所以 teacher、Teacher、TEACHER 是三个不同的变量名。

（2）变量名不能以数字开头，所以 4name 不能作为变量名。

（3）变量名不能包含空格。

像程序员一样思考

专业的 JavaScript 程序员给变量命名时几乎总是以小写字母开头，后面每有

一个新单词，新单词首字母就大写（例如 drawImage），这种命名的方式我们称之为“小驼峰”命名法，是否遵循 JavaScript 的编程风格由你决定。因为我们使用的是 JavaScript，所以在以后的代码中都会遵循这种风格。

下列变量名命名正确的有哪些？

$_$	_A_
Name	2333
030	o.Vo
O3o	name _1
v_v	我是变量名
c	right

分析：

（1）$_$、_A_、Name、O3o、v_v、c、right 这些变量名符合变量的命名规则，是正确的变量名。

（2）其中 Name 和 O3o 不符合“小驼峰”命名法。

（3）因为变量名不能以数字开头，所以 2333、030 不是正确的变量名。

（4）变量名中不能包含点（.）也不能包含空格，所以 o.Vo 和 name _1 也不是正确的变量名。

（5）变量名中只能包含字母、数字、下画线 _ 和美元符 $，不包含汉字，所以“我是变量名”也是不正确的。

数值型变量

（1）数值型变量：声明变量赋值为一个数字，该变量即为数值型变量。

（2）声明数值型变量的代码如下：

```
var c1 = 1;
var c2 = 2;
```

（3）在警告框中显示数值型变量 c1 和 c2 的和，代码如下：

```
var c1 = 1;
var c2 = 2;
alert(c1 + c2);
```

（4）在警告框中显示数值型变量 c1 和 c2 的和，显示效果如下：

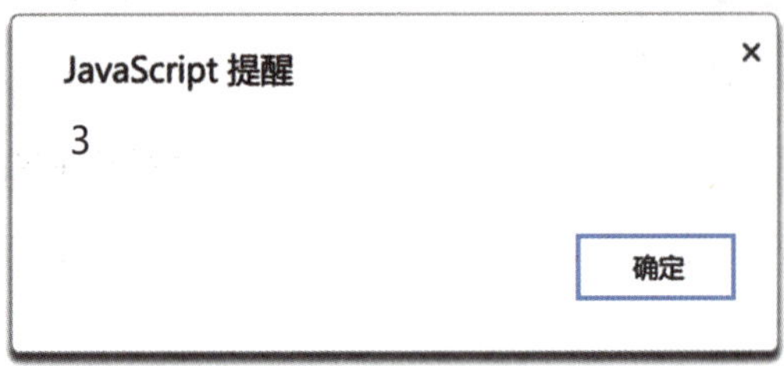

从警告框上输出的结果可以看出，数值型变量的加法和数学中的加法运算一样。

注：数值型变量的加法 (+)、减法 (-)、乘法 (*)、除法 (/) 和数学中的运算一样，仅运算符号不同。

使用变量表示飞机的坐标

（1）定义变量 x 和 y，表示飞机的 x 坐标和 y 坐标，代码如下：

```
var x = 200;
var y = 100;
```

（2）使用变量 x 和 y 在画布上画出敌机，代码如下：

```
var x = 200;
var y = 100;
ctx.drawImage(enemy, x, y);
```

（3）代码运行结果如下：

变量的重新赋值

var n = 1;　　　　var n = 1; 重新赋值 n = 2;

（1）看上图，声明变量 n 赋值为 1。

（2）然后给变量 n 重新赋值为 2。

注：给变量重新赋值时，不加关键字 var。

（1）声明变量 y 并赋值为 50，然后给变量 y 重新赋值为 60，代码如下：

```
var y = 50;
y = 60;
alert(y);
```

（2）声明变量 y 并赋值为 50，然后给变量 y 重新赋值为 60，在警告框上显示的效果如下：

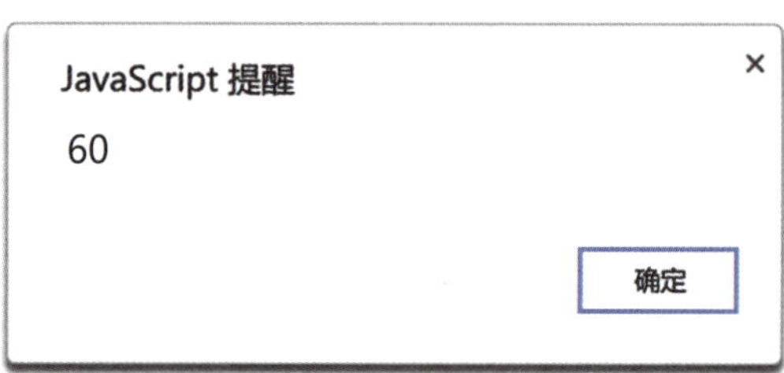

从显示结果可以看出，变量重新赋值以后在警告框上显示的是重新赋值后的值，即 60。

数据类型

数据类型	返回值
Undefined	undefined
Null	null
Boolean	true
	false
Number	数值
String	字符串

（1）Undefined（未定义）

当使用一个未声明的变量，或者使用了已经声明但还没有赋值的变量时，又或者使用了一个并不存在的对象属性时，返回的就是 undefined 值（以后课上会详细讲解）。

例如：var a = 1;

alert(a);

上述代码在警告框中显示的结果为：

var b;

alert(b);

上述代码在警告框中显示的结果为：

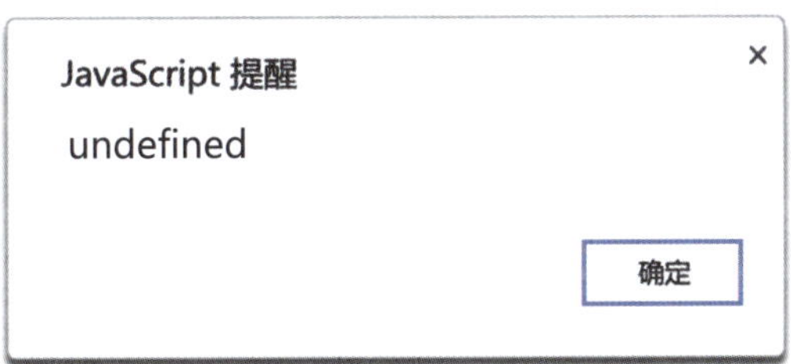

（2）Null（空值）

null 是一个特殊的值，它表示“无值”，如果一个变量的值为 null，那么你就会知道它的值不是有效的对象、数组、数字、字符串和布尔值（以后课上会详细讲解）。

例如：var c = document.getElementById("age");

alert(c);

上述代码在警告框中的显示结果为：

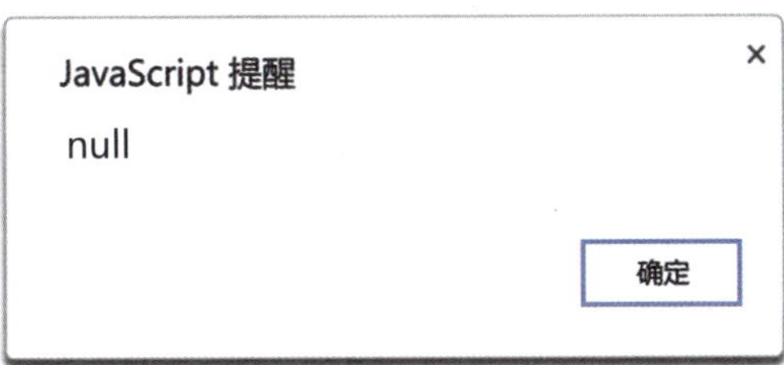

（3）Boolean（布尔类型）

布尔数据类型只有两个值，分别为 true 和 false。一个布尔值表示某个事物是“真”还是“假”。布尔类型的变量可以被直接赋值，也可以通过逻辑判断得出。

例如：var d = true;

```
if (d) {
    alert(d);
}
```

上述代码在警告框中的显示结果为：

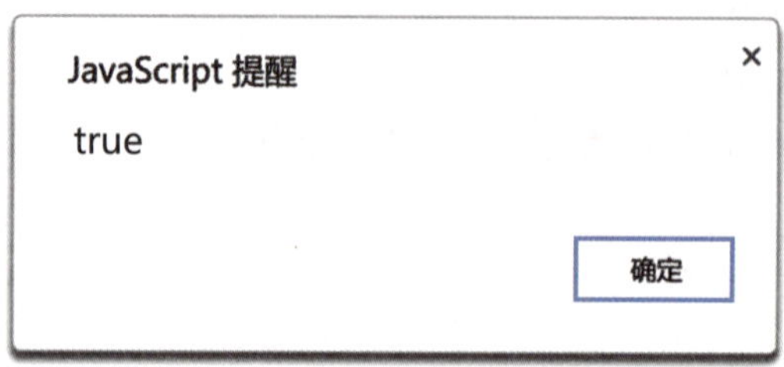

（4）Number（数值）

数值型是最基本的数据类型，这种数据类型可直接进行加、减、乘、除的运算。

例如：
```
var e = 1;
var f = 3.14;
var g = 1 + 2;
alert(e + g – f * g / e);
```

上述代码在警告框中显示的结果为：

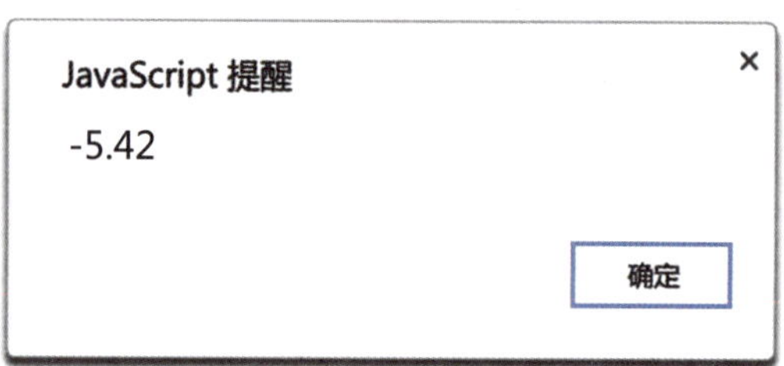

（5）String（字符串）

用双引号（" "）或者 单引号 (' ') 括起来的就是字符串。

例如：

其中：'a'、"A"、"1" 均为字符串。

字符串变量

var 变量名 = 字符串 ;

（1）把字符串赋值给变量，该变量即为字符串变量。

（2）声明变量 name，将字符串“灰太狼”赋值给变量 name， name 即为字符串变量，代码如下：

```
var name = " 灰太狼 ";
```

使用变量把自己的名字写在画布上

（1）声明变量 myName，并且赋值为自己的名字，代码如下：

```
var myName = " 张小明 ";
```

（2）使用字符串变量 myName，将自己的名字写在画布（50，30）的位置上，代码如下：

```
var myName = " 张 小 明 ";
ctx.fillText(myName, 50, 30);
```

（3）使用字符串变量 myName，将自己的名字写在画布上，显示效果如下：

使用变量在画布上写出游戏分数

（1）声明变量 score，并且赋值为“分数：10”，代码如下：

```
var score = " 分数：10";
```

（2）使用 ctx 的 font 属性设置文字的大小和字体，代码如下：

```
ctx.font = "40px 宋体 ";
```

（3）使用字符串变量 score，将游戏分数写在画布（100,100）的位置上，代码如下：

```
var score = " 分数 ：10";
ctx.font = "40px 宋体 ";
ctx.fillText(score, 100, 100);
```

（4）使用字符串变量 score，将游戏的分数写在画布上，显示效果如下：

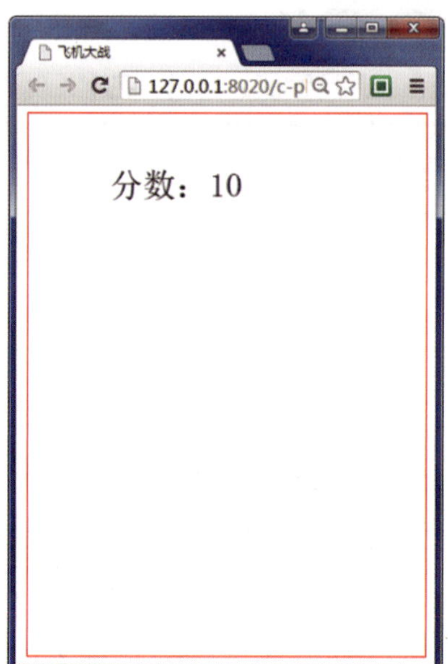

变量的可变性

（1）声明变量 age，表示自己的年龄。

```
var age = 10;
```

（2）我长大了一岁，如何表示呢？

```
age = 11;
alert(age);
```

代码运行结果如下：

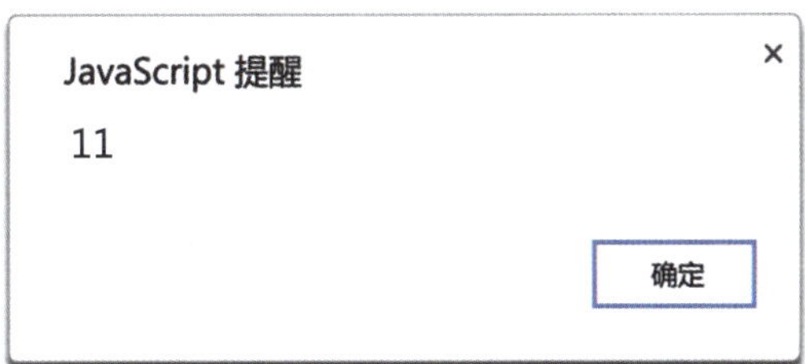

变量的赋值方向

注：在 JavaScript 中赋值的方向为：从右向左进行赋值。

var age = 10;

alert(age);

如上图所示，age = 11; 这句代码在赋值运算时程序是从右向左来执行的，也就是把 11 赋值给变量 age。

用 age 来表示我长大了一岁的过程如下图所示：

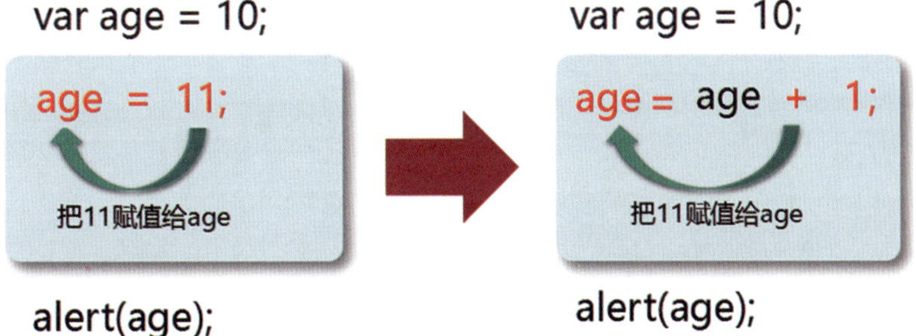

现在我的年龄是 10 岁，我长大 1 岁是 11 岁。11 可以用 10 加 1 来表示，而之前已经声明变量 age 来存储 10 了。所以，10 加 1 可以用变量 age 加 1 来表示，即变量 age 在自身的基础上加 1。完整代码如下：

```
var age = 10;
age = age + 1;
alert(age);
```

上述代码中，红色 age 的值为 10，黑色 age 的值为 11。代码运行结果如下：

声明变量 y 并赋值为 8，现在使变量 y 的值在自身的基础上加 7，如何使用变量来计算呢？代码如下：

```
var y = 8;
y = y + 7;
alert(y);
```

上述代码的运行结果如下：

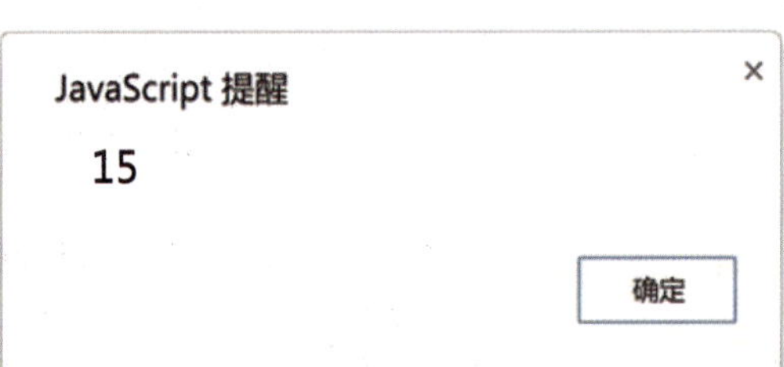

```
var p1 = 26;
var p2 = p1;
p1 = 33;
var p3 = p1 + p2;
p2 = p1 + p3;
p1 = p2 + p1;
p3 = p1 + p2;
p1 = p1 + p2 + p3;
p2 = p1 + p2 + p3;
p3 = p1 + p2 + p3;
alert(p1);
alert(p2);
alert(p3);
```

分析每行代码执行后 p1、p2、p3 的值：

代码		值
var p1 = 26;	--------->	p1 = 26;
var p2 = p1;	--------->	p2 = 26;
p1 = 33;	--------->	p1 = 33;
var p3 = p1 + p2;	--------->	p3 = 33 + 26 = 59;
p2 = p1 + p3;	--------->	p2 = 33 + 59 = 92;
p1 = p2 + p1;	--------->	p1 = 92 + 33 = 125;
p3 = p1 + p2;	--------->	p3 = 125 + 92 = 217;
p1 = p1 + p2 + p3;	--------->	p1 = 125 + 92 + 217 = 434;
p2 = p1 + p2 + p3;	--------->	p2 = 434 + 92 + 217 = 743;
p3 = p1 + p2 + p3;	--------->	p3 = 434 + 743 + 217 = 1394;

所以在警告框中显示的 p1 值为 434，p2 值为 743，p3 值为 1394。

（1）声明变量 c 并赋值为“三年一班”，横线处应填写的代码是：

```
var c =______________________;
```

（2）以下变量名命名正确的是（　　）。

A. age 1　　B. image@　　C. 4name　　D. teacher

（3）下列代码声明了变量 age，并赋值为 9：

```
var age = 9;
```

对变量 age 重新赋值为 10，相应的代码为：____________

（4）请看下列代码：

```
var a = 2;
var b = 3;
a = 3;
alert(a + b);
```

上述代码的运行结果正确的是（　　）。

A. 5　　B. 6

（5）请看下列代码：

```
var x = 100;
x = x + 10;
alert(x);
```

上述代码运行后在警告框上显示的结果正确的是（　　）。

A.　　B.

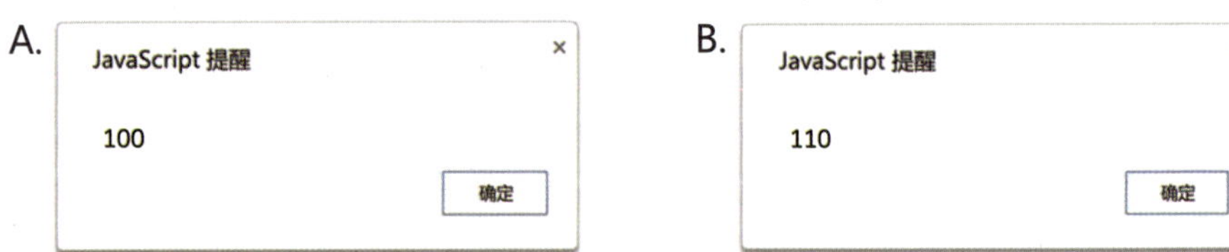

（1）声明变量 c 赋值为自己的班级，并在警告框上显示自己的班级。

（2）我换班级了，将变量 c 重新赋值为新班级，并在警告框上显示自己的新班级。

（3）声明变量 age 赋值为自己的年龄，并在警告框上显示自己的年龄。

（4）我长大了 1 岁，给变量 age 重新赋值，并在警告框上显示自己的新年龄。

一码当先

必做题

（1）声明变量 s，赋值为自己的考试成绩。

（2）平时表现的好，加 10 分。

（3）在警告框上显示你的最终成绩。

选做题

（1）使用变量在画布上画出两架垂直的敌机。

（2）第一架敌机的坐标为（100，30），两架敌机的间距为 50。

（提示：请使用变量及变量的可变性去完成）

程序运行效果如下图所示：

自 1946 年第一台计算机诞生起，至今不过短短半个多世纪的历史，然而，它的发展之迅速、普及之广泛、对整个社会和科学技术影响之深远，是任何其他学科所不及的。

半个多世纪以来，计算机已经发展了四代，现在正向第五代发展。

第一代计算机叫做电子管计算机，体积庞大，可靠性差，输入输出设备有限，内存容量只有数百字到数千字，主要以单机方式完成计算，数据表示为定点数。

第二代计算机叫做晶体管计算机，用铁淦氧磁心和磁盘作为存储器，体积和质量比电子管计算机小，运算速度进一步提高。

第三代计算机叫做集成电路计算机，包括小规模集成电路和中规模集成电路，用半导体存储器取代了铁淦氧磁心存储器，采用了微程序控制技术。

第四代计算机叫做超大规模集成电路计算机，主存储器是集成度很高的半导体存储器。20 世纪 80 年代末期出现了多媒体计算机。

第五代计算机是把信息采集、存储、处理、通信同人工智能结合在一起的智能计算机系统。它能进行数值计算或处理一般的信息，主要能面向知识处理，具有形式化推理、联想、学习和解释的能力，能够帮助人们进行判断、决策、开拓未知领域和获得新的知识。人 - 机之间可以直接通过自然语言（声音、文字）或图形图像交换信息。第五代计算机又称新一代计算机。

第三课　定时器

知识目标

- 字符串拼接的基本用法
- setInterval 方法的基本用法
- 坐标变换在飞机大战游戏中的应用
- 变量在飞机大战游戏中的应用

项目目标

- 背景和敌机移动

字符串拼接（+）

在 JS 中使用“+”号，连接字符串、变量、数值等。

在警告框上显示朋友的数量

（1）在警告框上显示朋友的数量，显示效果如下：

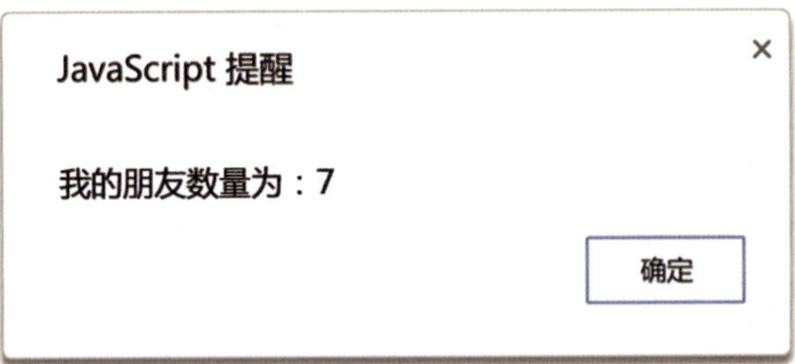

（2）声明变量 friends 表示朋友的数量，使用字符串拼接符 “+” ，在警告框上显示 “我的朋友数量为：7” ，代码如下：

```
var friends = 7;
alert( “我的朋友数量为：” + friends);
```

在警告框上显示自己的年龄

（1）声明变量 age，并且赋值为自己的年龄，代码如下：

```
var age = 8;
```

（2）使用字符串拼接符 “+”，在警告框上显示 “我的年龄为：8” ，代码如下：

```
alert(" 我的年龄为：" + age);
```

（3）使用变量 age 和字符串拼接符 “+” ，在警告框上显示 “我的年龄为：8” ，显示效果如下：

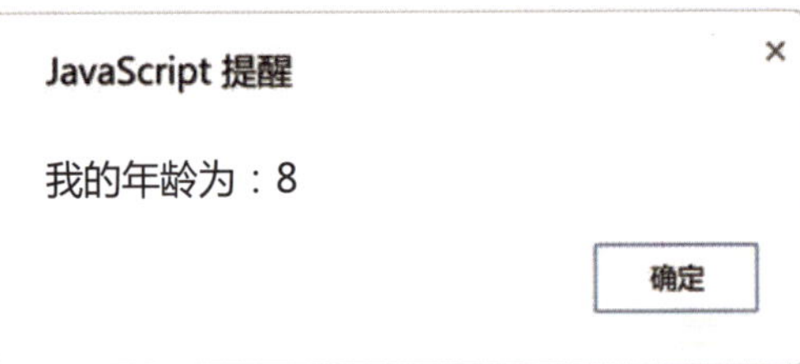

在画布上显示飞机大战游戏的分数

（1）声明变量 score，并且赋值为游戏的分数，代码如下：

```
var score = 95;
```

（2）声明变量 x，并且赋值为文字的 *x* 坐标，代码如下：

```
var x = 50;
```

（3）声明变量 y，并且赋值为文字的 *y* 坐标，代码如下：

```
var y = 50;
```

（4）使用 ctx 的 font 属性设置文字的大小和字体，代码如下：

```
ctx.font = “30px 微软雅黑”;
```

（5）在画布上显示“分数：95”，使用 fillText 方法和字符串拼接符“+”，代码如下：

```
var score = 95;
var x = 50;
var y = 50;
ctx.font = “30px 微软雅黑”;
ctx.fillText(“分数：” + score, x, y);
```

（6）使用字符串拼接符将飞机大战游戏的分数写在画布上，显示效果如下：

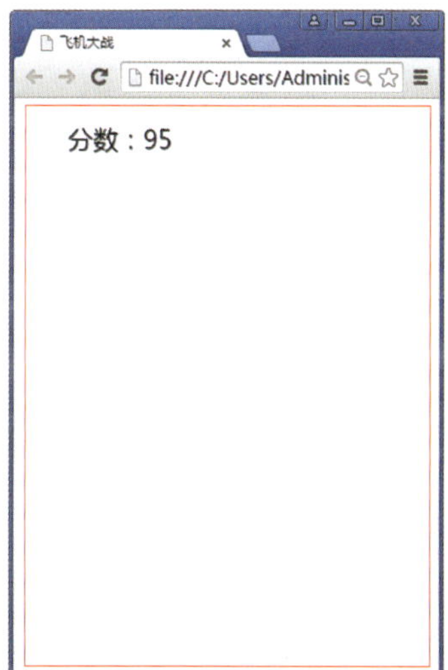

字符串拼接进阶

当 + 两边有一边是字符串类型，则进行字符串拼接后的结果为字符串类型。

```
var a = " 两数计算的结果为：";
var b = 99;
var c = 1;
alert( );
```

如果我们把 b 与 c 中间用 + 号进行连接，会得到如下结果：

b + c ➡ 100

如果我们把 a、b、c 中间用 + 号进行连接，会得到如下结果：

a + b + c ➡ 两数计算的结果为：991

得到如下结论：

字符串拼接运算符进行运算时，包含字符串，那得到的结果也为字符串。

字符串拼接练习

```
var a = 1;
var b = 2;
var c = "3";
```

以上结果分别是什么？	答案：
alert (a + b);	3
alert (a + b + c);	33
alert (c + b + a);	321
alert (c + "+ b + a");	3+b+a

定时器

定时器的语法结构如下：

```
setInterval(function() {
          ①
}, ② );
```

（1）setInterval 方法用于每间隔一定的时间做某事，①处放置定时器要做的事，②处放置间隔的时间，单位是毫秒数。

（2）每间隔 5 秒弹出一个警告框，警告框上显示的内容是“欢迎学习 JS”，代码

如下：

```
setInterval(function() {
    alert(" 欢迎学习 JS");
}, 5000);
```

注：1 秒钟 =1000 毫秒。

每隔 1 秒在警告框上显示的数字加 1

（1）要实现每隔 1 秒在警告框上显示的数字加 1，需要用到知识点有 setInterval(定时器) 和变量。

（2）定义变量 y，并且赋值为 1，使变量 y 每隔 1 秒在自身的基础上加 1，代码如下：

```
var y = 1;
setInterval(function() {
    alert(y);
    y = y + 1;
}, 1000);
```

画飞机、飞机移动

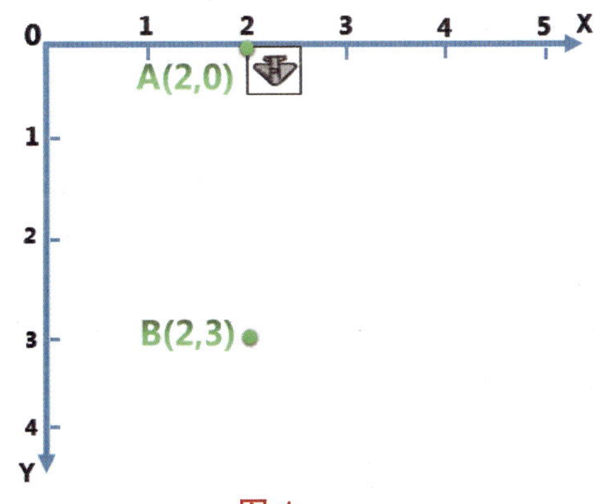

图 1

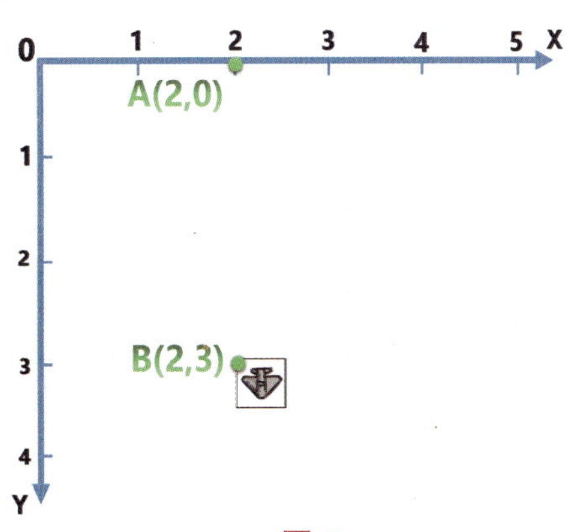

图 2

我们观察图 1、图 2，飞机从 A 点移动到 B 点，y 坐标增加了 3，x 坐标不变。由此我们可以判定，要想让飞机不停地向下移动，我们需要改变飞机的 y 坐标，使 y 坐标不停地增加。

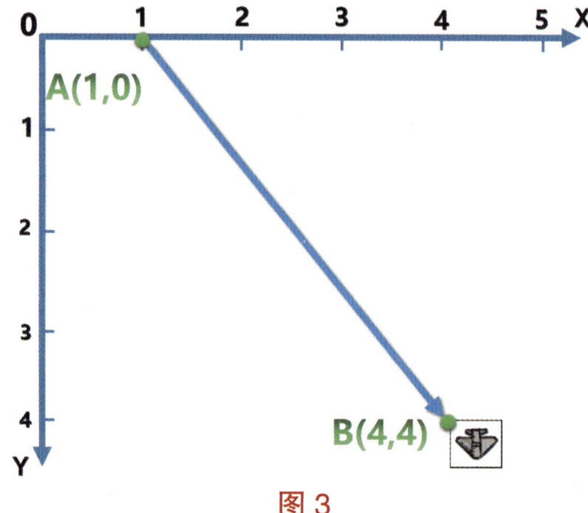

图 3

我们再看图 3，我们要想让飞机从 A 点移动到 B 点，x 与 y 的值分别是如何变化的？不难发现，x 值增加 3，y 值增加了 3。那如果我们可以连续不停地改变飞机的坐标值，那飞机就会动起来。

（1）设定飞机的起始位置 (200，0)，画一架飞机，代码如下：

```
var x = 200;
var y = 0;
ctx.drawImage(enemy, x, y);
```

（2）每隔 10 毫秒，飞机的位置移动一次（x 值不变，y 值加 1），代码如下：

```
var x = 200;
var y = 0;
setInterval(function() {
    ctx.drawImage(enemy, x, y);
    y = y + 1;
}, 10);
```

背景和敌机移动

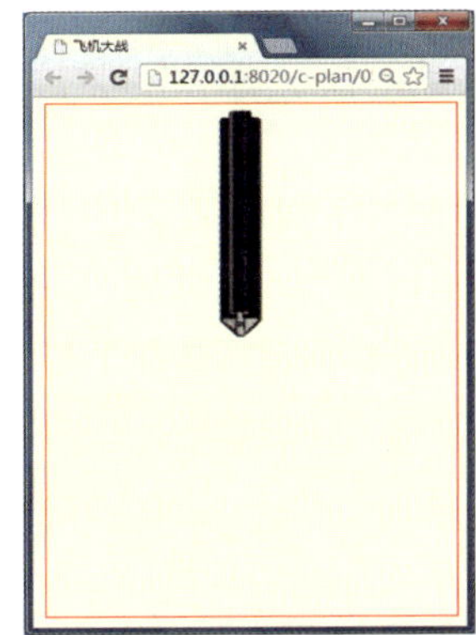

我们的飞机动起来了，但是飞机后面拖了一条轨迹。如何去掉这个轨迹呢？我们需要把背景图片添加上去，利用背景图片把后面的轨迹盖住。

同时画背景与敌机，代码如下：

```
var x1 = 0;
var y1 = 0;
var x = 200;
var y = 0;
ctx.drawImage(background, x1, y1);
ctx.drawImage(enemy, x, y);
```

飞机移动，背景不动，代码如下：

```
var x1 = 0;
var y1 = 0;
var x = 200;
var y = 0;
setInterval(function() {
    ctx.drawImage(background, x1, y1);
    ctx.drawImage(enemy, x, y);
    y = y + 1;
}, 10);
```

每画一次背景都会把上一次画的飞机给盖住，这样飞机后面就不会有轨迹出现了。

背景和飞机同时移动

（1）使背景和飞机同时移动的坐标变化规律是：背景和飞机的 x 坐标的值不变，y 坐标的值不断地增大。

（2）如果想让飞机比背景移动的快，则在相同时间内，飞机的 y 坐标增加值比背景的 y 坐标增加值大。

（3）背景和飞机移动的代码如下（其中： x1、y1 表示背景的坐标，x、y 表示飞机的坐标）：

```
var x1 = 0;
var y1 = 0;
var x = 200;
var y = 0;
setInterval(function() {
    ctx.drawImage(background, x1, y1);
    y1 = y1 + 1;
    ctx.drawImage(enemy, x, y);
    y = y + 3;
}, 10);
```

两架飞机交叉飞行

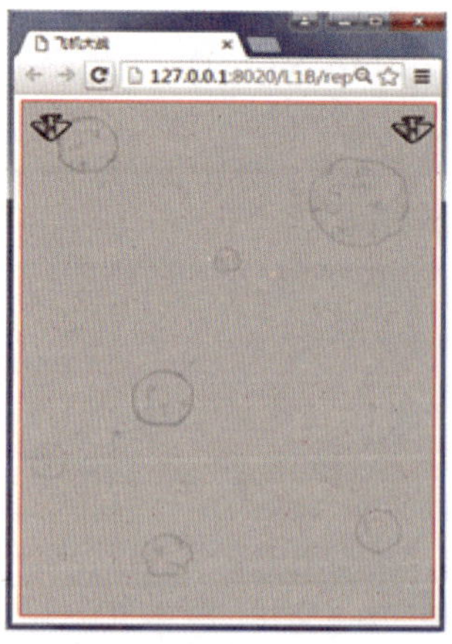

要想让飞机斜向飞行，要同时改变飞机的 x 值与 y 值，我们左侧的飞机从左到右 x、y 值是增加的，右侧的飞机从右到左 x 值减小，y 值增加。

画出敌机与背景，代码如下：

```
var x = 0;
var y = 0;
var x1 = 0;
var y1 = 0;
var x2 = 430;
var y2 = 0;
ctx.drawImage(background, x, y);
ctx.drawImage(enemy, x1, y1);
ctx.drawImage(enemy, x2, y2);
```

背景与敌机移动，代码如下：

```
var x = 0;
var y = 0;
var x1 = 0;
var y1 = 0;
var x2 = 430;
var y2 = 0;
setInterval(function() {
    ctx.drawImage(background, x, y);
    y = y + 1;
    ctx.drawImage(enemy, x1, y1);
    x1 = x1 + 1;
    y1 = y1 + 1.4;
    ctx.drawImage(enemy, x2, y2);
    x2 = x2 – 1;
    y2 = y2 + 1.4;
}, 10);
```

大家注意 x1、y1 与 x2、y2 的数值变化，就拿 x1、y1 来说，这两个变量的数值变化决定着飞机的移动角度。如果 x1、y1 变化相同，那移动角度刚好是 45 度，x1 增大的数值不变，y1 增大的数值越大，角度越接近垂直；y1 增大的数值不变，x1 增大的数值越大，角度越接近水平。

（1）声明变量 name 并赋值为“张小利”，在警告框上显示 name 的值。下列代码正确的是（　）。

A. var name = " 张小利 ";
　alert(" 我的名字是：", name);

B. var name = " 张小利 ";
　alert(" 我的名字是：" + name);

C. var name = 张小利；
　alert(" 我的名字是：" + name);

D. alert(" 我的名字是：张小利 ");

（2）setInterval() 方法中，下列选项中时间间隔的单位正确的是（　）。

A. 小时　　B. 分钟　　C. 秒　　D. 毫秒

（3）请看如下代码：

```
setInterval(function() {
    A
}, B);
```

定时器要做的事写在 A 处还是 B 处？

（4）请看下列代码：

```
var x1 = 0;
var y1= 0;
var x2 = 200;
var y2 = 0;
setInterval(function() {
    ctx.drawImage(background, x1, y1);
    y1 = y1 + 2;
    ctx.drawImage(enemy, x2, y2);
    y2 = y2 + 1;
}, 10);
```

上述代码的实现结果中，背景移动的快还是飞机移动的快（　）。

A. 背景　　B. 飞机

（5）根据运行结果，请把下列代码补充完整：

```
var c = " 九年级二班 ";
alert (________);
```

程序运行结果如下：

JavaScript 提醒

我的班级为：九年级二班

确定

（6）请看如下代码：

```
setInterval(function() {
    A
}, B);
```

定时器中 A 处和 B 处所写的代码，分别表示的意思是？

（7）根据运算结果，请把横线处的代码补充完整：

```
var x1 = 0;
var y1 = 0;
var x2 = 200;
var y2 = 0;
setInterval(function() {
    ctx.drawImage(background, x1, y1);
    ________________
    ctx.drawImage(enemy, x2, y2);
    ________________
}, 10);
```

如果让背景移动的慢，飞机移动的快，横线处应如何填写？

使用定时器，每隔 2 秒在警告框上显示的数字加 5。

必做题

使用定时器，在画布中每隔 1 秒显示自己的名字，文字大小和字体自己设置。

我的名字

我的名字
我的名字

我的名字
我的名字
我的名字

我的名字
我的名字
我的名字
我的名字

选做题

只用两个变量，实现交换变量里的数值。

例如：

```
var x = 5;
var y = 8;
```

经过交换后，x 里面存储的是 8，y 里面存储的是 5，不能借助其他变量。

教你一招 :30 秒清理你计算机中所有的垃圾文件！

Windows 在安装和使用的过程中都会产生相当多的垃圾文件，这些垃圾文件不仅侵占了宝贵的磁盘空间，严重时还会使系统运行慢如蜗牛。现在就让我们一起来快速清除系统垃圾吧！下面是步骤，很简单就两步！

在计算机屏幕的左下角选择“开始→程序→附件→记事本”，把下面的文字复制进去，单击“另存为”，路径选“桌面”，保存类型为“所有文件”，文件名为“清除系统垃圾 .bat”，就完成了。记住后缀名一定要是 .bat。

输入以下内容：

```
@ 童程小助手 off
童程小助手 正在清除系统垃圾文件，请稍等 ......
del /f /s /q %systemdrive%\*.tmp
del /f /s /q %systemdrive%\*._mp
del /f /s /q %systemdrive%\*.log
del /f /s /q %systemdrive%\*.gid
del /f /s /q %systemdrive%\*.chk
del /f /s /q %systemdrive%\*.old
del /f /s /q %systemdrive%\recycled\*.*
del /f /s /q %windir%\*.bak
del /f /s /q %windir%\prefetch\*.*
```

```
rd /s /q %windir%\temp & md %windir%\temp
del /f /q %userprofile%\cookies\*.*
del /f /q %userprofile%\recent\*.*
del /f /s /q "%userprofile%\Local Settings\Temporary Internet Files\*.*"
del /f /s /q "%userprofile%\Local Settings\Temp\*.*"
del /f /s /q "%userprofile%\recent\*.*"
童程小助手 清除系统垃圾完成！
童程小助手 . & pause
```

你的垃圾清除器就这样制作成功了！

双击它就能很快地清理计算机中的垃圾文件。

童
程
童
美

课后心得

第四课 prompt( ) 方法和 if 语句

知识目标

- prompt() 方法的应用
- if 语句的基本用法

项目目标

- 使背景连续移动

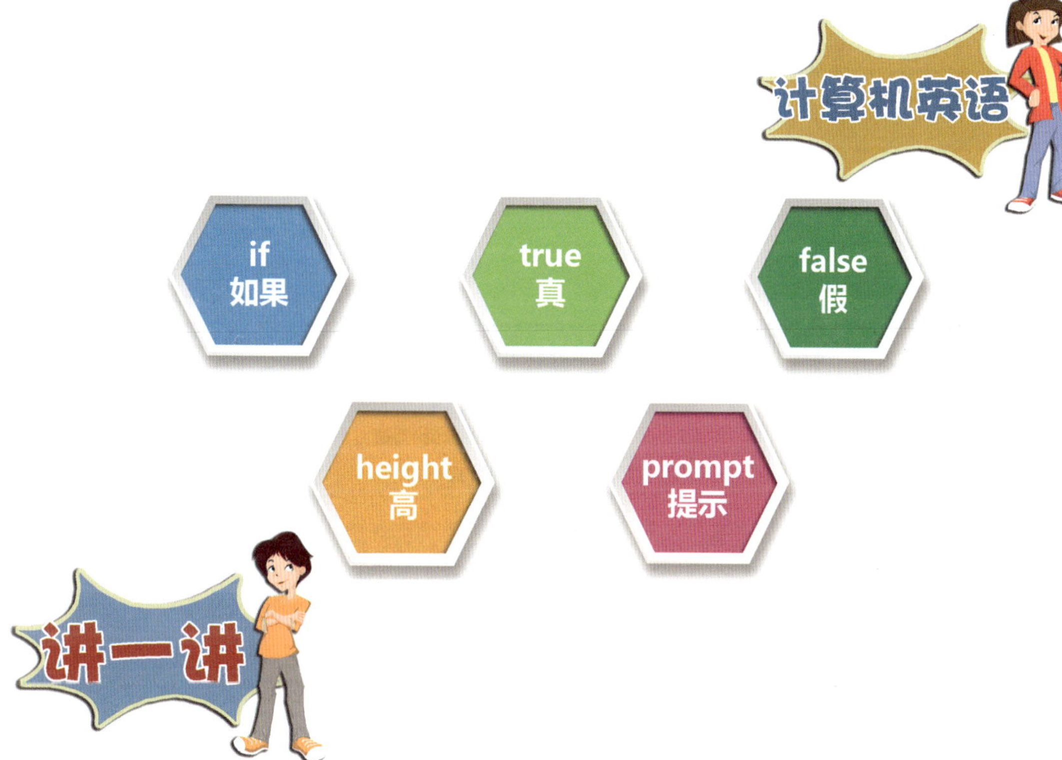

prompt() 方法

- prompt() 方法：用于显示可提示用户进行输入的信息提示输入框。
- prompt() 方法小括号内的内容：提示用户输入相应的内容。

- prompt() 方法的返回值是用户在输入框中输入的内容。
- 声明变量 s，用来接收用户输入的信息。
- 在警告框中显示的是用户输入的信息。

（1）声明变量 age, 使用 prompt 方法接收输入的年龄，代码如下：

```
var age = prompt(" 请输入你的年龄：");
```

（2）在警告框上显示用户输入的年龄，使用字符串拼接符 “+” 进行拼接，代码如下：

```
var age = prompt(" 请输入你的年龄：");
alert(" 我的年龄为 :" + age);
```

（3）输入 6，点击 “确定” 按钮后在警告框上显示 “我的年龄为：6” ，运行效果如下：

JavaScript 提醒 ×
请输入你的年龄：
6
确定 取消

判断真假

（1）声明两个变量 a,b 并赋值，请看下列代码：

①（大于）>、（小于）< 号作用：比较两个数的大小。

a < b 相当于 10 < 20 ，结果为 true。

a > b 相当于 10 > 20 ，结果为 false。

②（大于等于） >= 、（小于等于）<= 号作用：一个数是否大于等于另一个数 / 一个数是否小于等于另一个数。a >= b 相当于 a > b 或者 a == b，其中有一个表达式为真，a >= b 的结果为 true。如果两个表达式都为假，a >= b 的结果为 false。a <= b 相当于 a < b 或者 a == b，其中有一个表达式为真， a <= b

的结果为 true, 如果两个表达式都为假，a <= b 的结果为 false。

③ == 号的作用：用于判断，判断两个数值（变量、表达式）是否相等。a == b 相当于 10 == 20，其结果为 false。

④ != 号的作用：用于判断，判断两个数值（变量、表达式）是否不相等。a != b 相当于 10 != 20， 其结果为 true。

（2）声明两个变量 x、y 并赋值，请看下列代码：

```
var x = 1;
var y = "1";
```

① x == y 相当于 1 == "1"，其结果为 true。

② x != y 相当于 1 != "1" ，结果为 false。

③ === 号的作用：用于判断表示完全等于，不仅判断两个变量的数值上相等而且数据类型也要相同。x 和 y 在数值上均为 1，但 x 为数值型变量，y 为字符串型变量。数据类型不相同，x === y 的结果为 false。

④ !== 号的作用：用于判断表示不完全等于，只要两个变量在数值上或者数据类型上有一个相同即为真， 所以 x !== y 的结果为 true。

（1）if 语句：用来做条件判断。

（2）if 语句的语法结构，如下所示：

```
if ( ① ) {
    ②
}
```

（3）if 关键字后面有一对小括号，小括号后面是一对大括号，①处放置判断条件，②处放置的是条件成立后执行的代码。

（4）执行流程：当①处的判断条件为真 (true) 时，执行②处大括号里的代码，当①处的判断条件为假 (false) 时， 不执行②处大括号里面的代码，if 语句结束。

判断是否为武林盟主，如果成功修炼武林秘籍即为武林盟主。

如果 succeed 为 true，则执行 if 大括号里的语句，代码如下：

```
var succeed = true;
if (succeed) {
    alert (" 武林盟主 ");
}
```

程序运行结果如下：

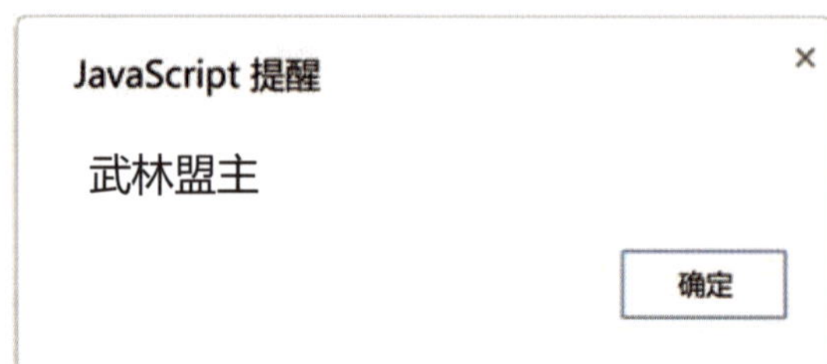

（1）用 if 语句判断变量是否等于 100，代码如下：

```
var n = 100;
if (n == 100) {
    alert(" 变量 n 的值为 100");
}
```

程序运行结果如下：

（2）用 if 语句判断两个变量是否相等，需要先声明两个变量，代码如下：

```
var i = 8;
var j = 10;
if (i == j) {
    alert (" 变量 i 和 j 相等 ");
}
```

结果是 if 语句里的代码不会被执行，因为 i 与 j 的值不相等，所以判断条件为假。

（3）如果答案正确，分数加 1。声明变量 score 表示分数，声明变量 answer 表示答案，如果答案正确，分数加 1， 使用 if 语句判断分数是否加 1，代码如下：

```
var score = 10;
var answer = true;
if (answer) {
    score = score + 1;
}
alert(" 分数：" + score);
```

程序运行结果如下：

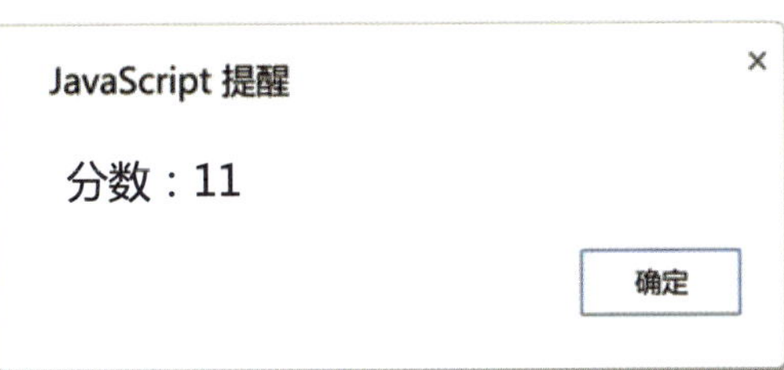

第三课中实现了背景移动，但是，背景不是连续移动的，背景图片向下移动之后，上面就没有背景图片了， 如下图所示：

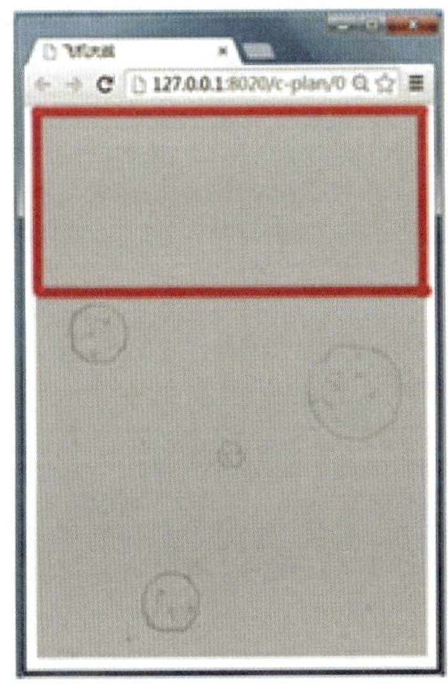

实现背景和敌机的移动，代码如下：

```
var x1 = 0;
var y1 = 0;
var x = 200;
var y = 0;
setInterval(function() {
    ① ctx.drawImage(background, x1, y1);
    ② y1 = y1 + 1;
    ③ ctx.drawImage(enemy, x, y);
    ④ y = y + 3;
}, 10);
```

以上代码实现了让背景飞机向下移动。

① 处让背景每隔 10 毫秒重新绘制一次。

② 处是每隔 10 毫秒背景向下移动 1 像素。

③ 处让飞机图片每隔 10 毫秒重新绘制一次。

④ 处是每隔 10 毫秒飞机向下移动 3 像素。

（1）请看下图，背景图片的高度是 852，通过两张背景图片坐标 y 值的变化，可以使两张背景图片连续交替出现， 从而达到背景连续移动的效果：

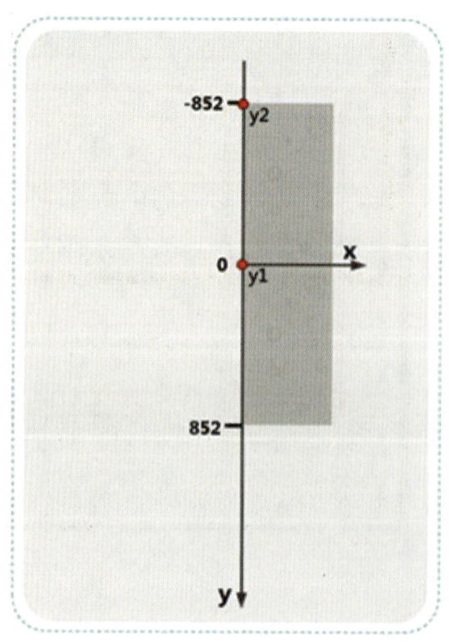

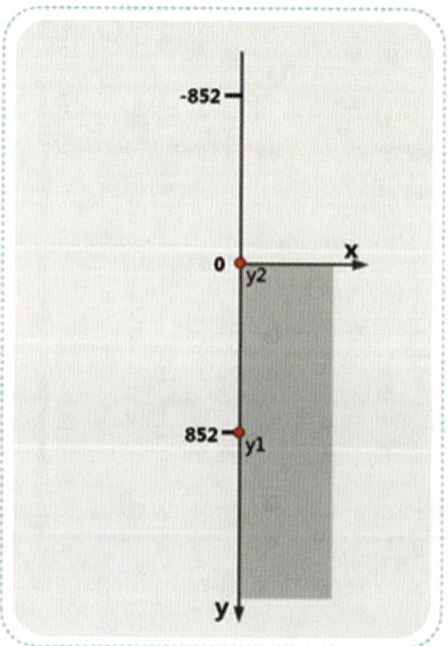

（2）根据上述图示，两张图片同步移动，当 y1 值增加到 852 时，y2 值从 -852 增加到 0，这时为了保证图片可以连续移动，要给 y1 重新赋值为 -852；同样，当 y2 值为 852 时，y1 值从 -852 增加到 0，这时要给 y2 重新赋值为 -852，如此循环达到背景图片连续移动的效果。

需要使用 if 语句来对 y1 的值和 y2 的值做判断，还需要声明变量 height，并赋值为背景图片的高度 852， 具体实现代码如下：

```
var x1 = 0;
var y1 = 0;
var x = 0;
var y = 0;
var height = 852;
var x2 =0;
var y2 = -height;
setInterval(function() {
    ctx.drawImage(background, x1, y1);
    y1 = y1 + 1;
    ctx.drawImage(background, x2, y2);
    y2 = y2 + 1;
① if (y2 > height) {
        y2 = -height;
    }
② if (y1 > height) {
        y1 = -height;
    }
    ctx.drawImage(enemy, x, y);
    y = y + 3;
}, 10);
```

分别绘制两张连续移动的背景，让两张背景交替循环，①、②当图片坐标超出 852 时，让坐标重新回到 −852 位置，往复循环，可以实现背景连续移动的效果。

碰壁反弹的飞机

（1）画出飞机和背景并让飞机倾斜移动

要实现飞机倾斜移动，飞机的 x 坐标和 y 坐标同时发生变化。当飞机向左下方移动时 x 坐标减小，y 坐标增大；当飞机向右下方移动时 x 坐标增大，y 坐标增大；当飞机向左上方移动时 x 坐标减小，y 坐标减小；当飞机向右上方移动时 x 坐标增大，y 坐标减小。

首先实现飞机向左下方移动，x 坐标减小，y 坐标增大，每次变化的距离为 1px, 代码如下：

```
var x = 200;
var y = 0;
setInterval(function() {
    ctx.drawImage(background, 0, 0);
    ctx.drawImage(enemy, x, y);
    y = y + 1;
    x = x – 1;
}, 10);
```

（2）要实现飞机碰壁反弹，飞机在碰到画布的边缘时，x 坐标或 y 坐标要发生变化。所以，我们可以先声明两个变量 n 和 m 分别表示 x 坐标和 y 坐标的变化，代码如下：

```
var x = 200;
var y = 0;
var n = 1;
var m = 1;
setInterval(function() {
    ctx.drawImage(background, 0, 0);
    ctx.drawImage(enemy, x, y);
    y = y + n;
    x = x – m;
}, 10);
```

（3）飞机先向左下方移动，当飞机碰到画布的左边缘时，反弹运动，此时飞机向右下方移动，x 坐标向相反方向变化即增大，y 坐标继续增大；当飞机碰到画布的下边缘时，反弹运动，此时飞机向右上方移动，x 坐标继续增大，y 坐标向相反方向变化即减小；当飞机碰到画布的右边缘时，反弹运动，此时飞机向左上方移动，x 坐标向相反方向变化即减小，y 坐标继续减小；当飞机碰到画布的上边缘时，反

弹运动，此时飞机向左下方移动，重复此种运动。所以需要使用 if 语句判断是否到达画布的四个边缘，如果碰到边缘，变量 n 和 m 做出相应的变化。

代码如下：

```
var x = 200;
var y = 0;
var n = 1;
var m = 1;
setInterval(function() {
    ctx.drawImage(background, 0, 0);
    ctx.drawImage(enemy, x, y);
    y = y + n;
    x = x – m;
    if (x < 0) {
        m = -1;
    }
    if (y > 600) {
        n = -1;
    }
    if (x > 430) {
        m = 1;
    }
    if (y < 0) {
        n = 1;
    }
}, 10);
```

（1）定义变量 x 和 y，并分别赋值：

var x = 11;

var y = 17;

下列选项中，判断结果为 false 的是（　　）。

A. x != y　　　　B. x < y　　　　C. x > y

（2）请看下列代码：

```
var age = 8;
if (age  >  18) {
    alert (" 成年人 ");
}
```

上述代码的运行结果为（　　）。

A. 不执行 if 语句中的代码

B. 

（3）请看下列代码：

```
var score = 50;
var result = true;
if (result) {
    score = score + 10;
}
alert (" 分数：" + score);
```

上述代码的运行结果为（　　）。

A. 分数：60　　　　B. 分数：50

（4）声明变量 a、b 并分别赋值：

```
var a = 18;
var b = 16;
```

以下选项中，判断结果全部为 true 的是（　　）。

A. a > b　a == b　　　　B. a < b　a != b

C. a >= b　a != b　　　　D. a <= b　a != b

（5）请看下列代码：

```
var height = 4;
if (height < 6) {
    alert (" 可以通过 ");
}
```

以上代码的运行结果，下列选项正确的是（　　）。

A.

JavaScript 提醒

可以通过

确定

B. 不执行 if 语句中的代码

程序接收用户输入的星期，如果是“星期六”或者“星期日”，在警告框中显示“今天随便玩！”。

必做题

（1）程序接收用户输入的水果。

（2）如果输入苹果，就弹出警告框显示：快到碗里来！

选做题

每隔一秒钟在画布中显示一架飞机，一共显示 5 架，如下图所示。

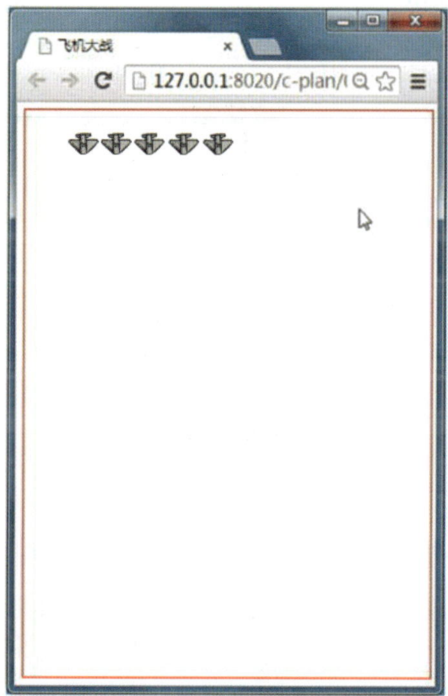

第五课　if 语句

知识目标

- 逻辑运算符
- 取余运算符
- if else 语句的应用
- else if 语句的应用

项目目标

- 根据型号画飞机

逻辑运算符

（1）与 &&

当两个条件用 && 运算符相连时，两个条件都为真，整个表达式为真，两个条件中其中一个为假或者两个条件都为假时，整个表达式为假。

（2）或 ||

当两个条件用 || 运算符相连时，两个条件其中之一为真，整个表达式为真，两个条件都为假时，整个表达式为假。

（3）非 ！

当条件前面有！运算符时，取这个条件相反的结果，假如 a 为真，!a 的结果就为假。

逻辑运算结果对照表

变量b1	变量b2	b1&&b2	b1||b2	!b1
false	false	false	false	true
false	true	false	true	
true	false	false	true	false
true	true	true	true	

逻辑运算符（&&）

&& ：逻辑与，左边和右边结果都为 true，则结果为 true。

有如下代码：

```
var a = true;
var b = 8;
var c = 21;
```

下列表达式结果如下：

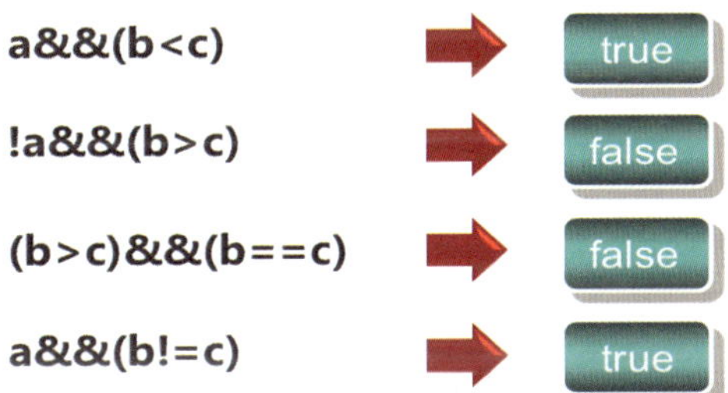

判断年龄是否在 [10,16) 之间，如果是，则显示中学生。

代码如下：

```
var age = prompt(" 请输入年龄 ");
if (age >= 10 && age < 16) {
   alert(" 中学生 ");
}
```

既满足大于等于 10，也要满足小于 16，所以这里我们用逻辑与（&&）来连接两个关系式。

逻辑运算符（||）

|| ：逻辑或，左边和右边有一个为 true，则结果为 true，有如下代码：

```
var a = false;
var b = 33;
var c = 57;
```

下列表达式结果如下：

表达式	结果
a||(b<c)	true
(b==c)||(b>c)	false
(b>c)||(b>=c)	false
!a||(b!=c)	true

（1）如果用户输入星期六或星期日则显示“今天想去哪儿玩儿去哪儿玩儿！”。代码如下：

```
var day = prompt(" 请输入今天是星期几 ");
if (day == " 星期六 " || day == " 星期日 ") {
    alert(" 今天想去哪儿玩儿去哪儿玩儿 !");
}
```

（2）已知两个变量 f 为 false，t 为 true，这两个变量要如何进行逻辑运算，结果才为真呢？代码如下：

```
var f = false;
var t = true;
if (f || t) {
    alert("GO!");
}
```

逻辑运算符（！）

！：代表相反的意思

!true → false

!false → true

!(4 > 2) → false

!(9>11) → true

!(11+10>30) → true

!(11+24>30) → false

- 逻辑非运算会把本来的运算结果转变成相反的结果。

根据下列代码，判断结果 (true/false)：

```
var a = false;
var b = 17;
var c = 15;
```

结果如下图所示：

!a → true

! (b>c) → false

! (b+c>31) → false

! (b-c<2) → true

逻辑非的应用，代码如下：

```
var isRain = false;
if (!isRain) {
    alert (" 去玩真人 CS ！ ");
}
```

结果如下图所示：

JavaScript 提醒 ×

去玩真人 CS ！

确定

if–else 语句

```
if ( 判断条件 ) {
    A
} else {
    B
}
```

（1）判断条件为真（true），执行 A 处的代码。

（2）判断条件为假（false），执行 B 处的代码。

如果 PM2.5 超过 300，学校放假，否则继续上学

（1）声明变量 pm25，接收用户信息提示框输入的信息，代码如下：

```
var pm25 = prompt(" 请输入 PM2.5 的数值 : ");
```

（2）使用 if-else 语句，判断 pm2.5 的值是否超过 300，代码如下：

```
var pm25 = prompt(" 请输入 PM2.5 的数值 : ");
if (pm25 > 300) {
    alert (" 放假 ");
} else {
    alert (" 继续上学 ");
}
```

注意：变量命名中不能使用点（.）。

取余运算符 %

取余运算：是一个数除以另一个数，返回余数。

例如：

5 % 2 = 1

3 % 4 = 3

7 % 7 = 0

一个数和比自身大的数取余，则返回自身，和跟自身一样大的数取余，则返回 0。

判断是否为闰年

判断年份 year 是否是闰年的公式：

能被 4 整除并且不能被 100 整除，或者能被 400 整除。

从条件可以看出，我们既要用到逻辑或也要用到逻辑与。

代码如下：

```
var year = prompt(" 请输入年份 ");
if ((year % 4 == 0 && year % 100 != 0 ) || year % 400 == 0) {
    alert(year + " 年是闰年 ");
} else {
    alert(year + " 年不是闰年 ");
}
```

题目中的第一个条件里有两个小条件我们用到了逻辑与，然后把题目中第一个条件与第二个条件进行或运算，这样就把所有的条件都包含进来了。

学生分数等级划分程序

根据学生分数划分等级：

分数	等级
score>=90	A
80<=score<90	B
70<=score<80	C
60<=score<70	D
score<60	不及格

程序要怎么写呢？

else if 语句

```
if ( 判断条件一 ) {
    A
} else if ( 判断条件二 ) {
    B
} else if ( 判断条件三 ) {
    C
} else {
    D
}
```

（1）else if 语句用于多重判断。

（2）如果判断条件一为 true，执行 A 处的代码。

（3）判断条件一为 false，再执行判断条件二。如果判断条件二为 true，则执行 B 处代码。

（4）同理，判断条件二为 false，再执行判断条件三，如果判断条件三为 true，执行 C 处的代码。

（5）如果之前的判断条件都为 false，则执行 D 处的代码。

程序执行流程如下图所示：

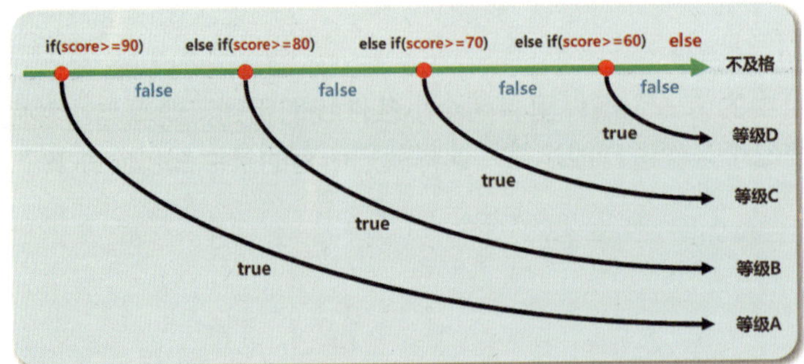

代码如下：

```
var score = prompt(" 请输入考试分数：");
if (score >= 90) {
    alert (" 等级 A");
} else if (score >= 80) {
    alert (" 等级 B");
} else if (score >= 70) {
    alert (" 等级 C");
} else if (score >= 60) {
    alert (" 等级 D");
} else {
    alert (" 不及格 ");
}
```

（1）如果 score>=90 为 true，在警告框上显示“等级 A”。

（2）若 score>=90 为 false，再判断 score>=80，如果 score>=80 为 true，在警告框上显示“等级 B”。

（3）同理，score>=80 为 false，再判断 score>=70，如果 score>=70 为 true，在警告框上显示“等级 C”。

（4）同理，score>=70 为 false，再判断 score>=60，如果 score>=60 为 true，在警告框上显示“等级 D”。

（5）若以上所有的条件都不成立，在警告框上显示“不及格”。

数字星期对应程序

数值	星期
1	星期一
2	星期二
3	星期三
4	星期四
5	星期五
6	星期六
7	星期日

程序执行流程如下图所示：

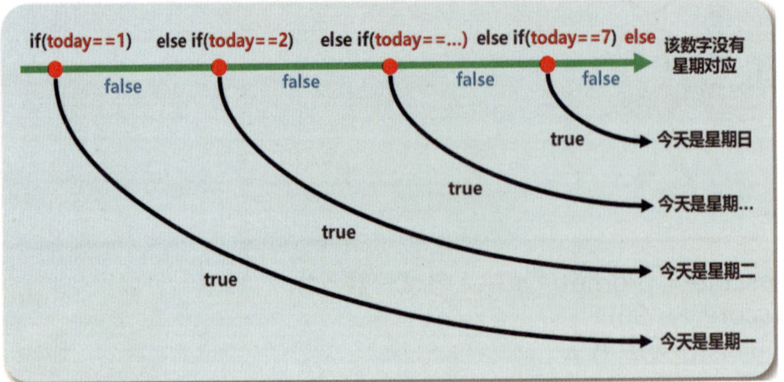

代码如下：

```
var today = prompt(" 请输入 1-7 的数字：");
if (today == 1) {
    alert (" 今天是星期一 ");
} else if (today == 2) {
    alert (" 今天是星期二 ");
} else if (today == 3) {
    alert (" 今天是星期三 ");
} else if (today == 4) {
    alert (" 今天是星期四 ");
} else if (today == 5) {
    alert (" 今天是星期五 ");
} else if (today == 6) {
    alert (" 今天是星期六 ");
} else if (today == 7) {
    alert (" 今天是星期日 ");
} else {
    alert (" 该数字没有星期对应 ");
}
```

根据型号画飞机

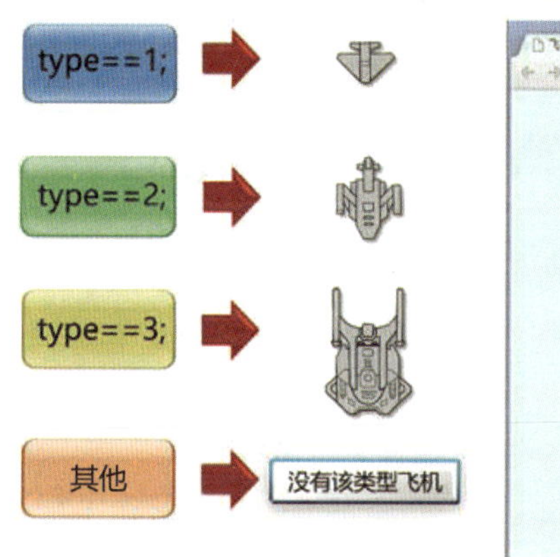

代码如下：

```
var type = prompt(" 请输入飞机类型：");
if (type == 1) {
    ctx.drawImage (enemy1, 100, 100);
} else if (type == 2) {
    ctx.drawImage (enemy2, 200, 200);
} else if (type == 3) {
    ctx.drawImage (enemy3, 300, 300);
} else {
    ctx.font = "40px 微软雅黑 ";
    ctx.fillText (" 没有该类型飞机 ", 100, 50);
}
```

（1）提示用户，在信息提示输入框中输入飞机类型。

（2）输入 1 的时候，在画布上画出一架小型敌机。

输入 2 的时候，在画布上画出一架中型敌机。

输入 3 的时候，在画布上画出一架大型敌机。

（3）输入其他数字的时候，在画布上写出“没有该类型飞机”的字样，且文字的大小为 40px、字体为微软雅黑。

（1）提示用户输入信息的对话框方法是（　　）。

A. alert 方法　　B. fillText 方法

C. drawImage 方法　　D. prompt 方法

（2）请看下列代码：

```
var score = 89;
if (score > 90) {
    alert(" 去公园玩 ");
} else {
    alert(" 在家写作业 ");
}
```

上述代码的运行结果为（　　）。

A. 去公园玩　　B. 在家写作业

（3）请看下列代码：

```
var answer = false;
if (answer) {
    alert(" 加 10 分 ");
}  else {
    alert(" 扣 10 分 ");
}
```

上述代码的运行结果为（　　）。

A. 加 10 分　　B. 扣 10 分

（4）请看下列代码：

```
var a = 2;
var b = 3;
if (!(a < b)) {
    ctx.drawImage(enemy2, 100, 50);
} else {
    ctx.drawImage(enemy3, 100, 50);
}
```

上述代码在画布上所画出的飞机类型是（ ）。

A. 
enemy2

B. 
enemy3

（5）var r = prompt(" 请输入你摇得的骰子数：");

```
if (r == 1) {
    alert(" 走一步 ");
} else if (r == 2) {
    alert(" 走两步 ");
} else if (r == 3) {
    alert(" 走三步 ");
} else if (r == 4) {
    alert(" 走四步 ");
} else if (r == 5) {
    alert(" 走五步 ");
} else if (r == 6) {
    alert(" 走六步 ");
} else {
    alert(" 骰子上没有这个数值 ");
}
```

相应的点数会得到什么结果？

（6）我想去爬山啦！泰山、嵩山、黄山、喜马拉雅山的高度不同，我想根据高度判断一下我去哪座山，下列可以实现上述功能的是（ ）。

A. if　　B. if-else

C. else if　　D. else

（7）请看下列代码，小明想爬高度为 1900 米的山，下列选项正确的是（ ）。

```
if (h < 1600) {
    alert(" 我要去爬嵩山 ");
} else if (h < 1800) {
    alert(" 我要去爬泰山 ");
} else if (h < 2000) {
    alert(" 我要去爬黄山 ");
} else if (h < 10000) {
    alert(" 我要去爬喜马拉雅山 ");
```

```
} else {
    alert(" 不在旅游计划中 ");
}
```

A. 嵩山　　B. 泰山　　C. 黄山
D. 喜马拉雅山　　E. 不在旅游计划中

（8）请看下列代码，小明想爬高度为 11000 米的山，下列选项正确的是（　　）。

```
if (h < 1600) {
    alert(" 我要去爬嵩山 ");
} else if (h < 1800) {
    alert(" 我要去爬泰山 ");
} else if (h < 2000) {
    alert(" 我要去爬黄山 ");
} else if (h < 10000) {
    alert(" 我要去爬喜马拉雅山 ");
} else {
    alert(" 不在旅游计划中 ");
}
```

A. 嵩山　　B. 泰山　　C. 黄山
D. 喜马拉雅山　　E. 不在旅游计划中

（9）请看下列代码：

```
var score = prompt(" 输入分数 :");
if (score >= 60) {
    alert(" 考试及格 ");
} else {
    alert(" 考试不及格 ");
}
```

在提示框上输入 60，上述代码的运算结果是（　　）。

A.
JavaScript 提醒 ×
考试及格
确定

B.
JavaScript 提醒 ×
考试不及格
确定

（10）请看如下信息提示输入框：

JavaScript 提醒 ×
请输入你要说的话：
大家好
确定

```
var s = prompt (" 请输入你想说的话：");
```

请问变量 s 里的值是什么？ ________________

输入 1 的时候，在警告框上显示“大家好！”

输入 2 的时候，在警告框上显示“我叫 XXX ！”

输入 3 的时候，在警告框上显示“我喜欢学习程序设计！”

输入其他数字的时候，在警告框上显示“你输入的数字不在范围内！”

必做题

提示用户输入字母 A、B、C。

输入 A，在警告框上显示“A 类信息”。

输入 B，在警告框上显示“B 类信息”。

输入 C，在警告框上显示“C 类信息”。

输入其他信息，在警告框上显示“无效信息”。

选做题

输入 3 个数，把其中的奇数输出，如果没有，则输出“没有奇数”。

第六课　项目展示课　愤怒的小鸟

项目目标

1. 画小鸟、小猪、弹弓
2. 让小猪动起来
3. 让小鸟飞起来
4. 碰撞后小猪消失小鸟落地
5. 碰多头小猪
6. 支架倒下

画小鸟、小猪和弹弓

（1）画小鸟和弹弓。实现代码如下：

```
setInterval(function( ){
    ctx.drawImage(bg, 0, 0);
    ctx.drawImage(slingshot1, 155, 305);
    ctx.drawImage(bird, 135, 315);
    ctx.drawImage(slingshot2, 125, 300);
    ctx.drawImage(bird, 105, 460);
    ctx.drawImage(bird, 50, 500);
    ctx.drawImage(bird, 10, 500);
},10);
```

（2）画小猪。实现代码如下：

```
setInterval(function( ){
    ctx.drawImage(pig, 825, 365);
    ctx.drawImage(pig, 910, 365);
    ctx.drawImage(pig, 990, 365);
    ctx.drawImage(pig, 1130, 315);
},10);
```

动态的小猪

要让小猪动起来其实很简单，只需要让水平方向上的 3 张图片不停地切换就可以了。比如我们可以先设置三个点 (820, 365)、(823, 365) 和 (825, 365)，不停地在这 3 个点上连续画小猪，看起来就像小猪在左右晃动一样，在这里用 if 语句来帮助我们在这 3 个不同的点上画小猪。

（1）第一只小猪晃动。实现代码如下：

```
var index = 1;
setInterval(function() {
    ......
    //ctx.drawImage(pig, 825, 365);
    if (index % 2 == 0) {
        ctx.drawImage(pig, 825, 365);
    } else if (index % 3 == 0) {
        ctx.drawImage(pig, 823, 365);
    } else {
        ctx.drawImage(pig, 820, 365);
    }
    index = index + 1;
}, 10);
```

- 在实现第一只小猪晃动前，需要先将在坐标为（825,365）的位置画第一张静止的小猪图片的代码注释掉。
- 声明变量 index，表示小猪晃动的频率。
- 在运算期间 index 的值不断增加，当 index 的值取余 2 等于 0 时，在坐标为（825,365）的位置画一张小猪图片。当 index 的值取余 3 等于 0 时，在坐标（823,365）的位置画一张小猪图片，以上的条件都不满足时，在坐标为（820,365）的位置画一张小猪图片。如此，便可实现小猪的晃动。

（2）第二只小猪晃动。实现代码如下：

```
setInterval(function() {
    ......
    //ctx.drawImage(pig, 912, 365);
    if (index % 2 == 0) {
        ctx.drawImage(pig, 912, 365);
    } else if (index % 3 == 0) {
        ctx.drawImage(pig, 915, 365);
    } else {
        ctx.drawImage(pig, 907, 365);
    }
}, 10);
```

- 在实现第二只小猪晃动前，同样需要先将在坐标为（912,365）的位置画第一张静止小猪图片的代码注释掉。
- 第二只小猪晃动的原理同第一只小猪图片。

（3）控制动态小猪的速度。实现代码如下：

```
var i = 1;
setInterval(function() {
    ......
    if (i % 20 == 0) {
        index = index + 1;
    }
    i = i + 1;
}, 10);
```

- 声明变量 i，控制 index 增加的频率。
- 要想控制小猪晃动的频率，只需要控制 index 值的增加频率即可。
- 页面刷新 20 次，index 增加 1。

小鸟飞起来

（1）判断小鸟飞行的区间。

弹弓上的小鸟的 x 坐标为 135，小鸟从左向右飞行，x 坐标不断增加。最右侧小猪的 x 坐标为 1130，当小鸟的 x 坐标大于等于 1130 时，小鸟与最右侧的小猪相撞，最右侧的小猪消失，小鸟落地。

（2）小鸟飞起来。实现代码如下：

```
var x = 135;
setInterval(function( ) {
    ......
    if (x < 1130) {
        ctx.drawImage(bird, x, 315);
        x = x + 3;
    }
}, 10);
```

- 声明变量 x，表示弹弓上的小鸟的 x 坐标。
- 小鸟的 x 值只要不超过 1130，就继续向前飞行。

（3）碰撞后小猪消失，小鸟落地。

实现代码如下：

```
//ctx.drawImage(pig, 1130, 315);
if (x < 1130) {
    ctx.drawImage(bird, x, 315);
    x = x + 3;
    ctx.drawImage(pig, 1130, 315);
} else {
    ctx.drawImage(bird, 1200, 500);
}
```

- 在实现此效果前，需先将在坐标为（1130,315）的位置画最右侧小猪静止图片的代码注释掉。
- 飞行中小鸟的 x 坐标小于 1130 时，画飞行中的小鸟和最右侧的小猪，并改变飞行中小鸟的 x 坐标；否则，只在坐标为（1200,500）的位置画一只在地上的小鸟。如此，便可实现当飞行中的小鸟与最右侧的小猪相撞时，小猪消失，小鸟落地的效果。

碰撞多只小猪

（1）判断小鸟飞行的区间。

（2）碰撞第一只小猪。实现代码如下：

```
if(x < 825) {
    if (index % 2 == 0) {
        ctx.drawImage(pig, 825, 365);
    } else if (index % 3 == 0) {
        ctx.drawImage(pig, 823, 365);
    } else {
        ctx.drawImage(pig, 820, 365);
    }
    if (index % 2 == 0) {
        ctx.drawImage(pig, 912, 365);
    } else if (index % 3 == 0) {
        ctx.drawImage(pig, 915, 365);
    } else {
        ctx.drawImage(pig, 907, 365);
    }
    ctx.drawImage(pig, 990, 365);
    ctx.drawImage(pig, 1130, 365);
    ctx.drawImage(bird, x, 340);
    x = x + 3;
}
```

飞行中的小鸟碰到第一只小猪前，即飞行中小鸟的 x 坐标小于 825 时，需要画飞行中的小鸟及四只小猪。

（3）碰撞第二只小猪。实现代码如下：

```
if  (x < 825) {
        ......
} else if (x < 912) {
        if(index % 2 == 0) {
                ctx.drawImage(pig, 912, 365);
        } else if (index % 3 == 0) {
                ctx.drawImage(pig, 915, 365);
        } else {
                ctx.drawImage(pig, 907, 365);
        }
        ctx.drawImage(pig, 990, 365);
        ctx.drawImage(pig, 1130, 365);
        ctx.drawImage(bird, x, 340);
        x = x + 3;
}
```

➤ 飞行中小鸟的 x 坐标大于等于 825 且小于 912 时，后面三只小猪和飞行中的小鸟在界面上，第一只小猪消失。

（4）碰撞第三只小猪。实现代码如下：

```
if (x < 825) {
     ......
} else if (x < 912) {
     ......
} else if (x < 990) {
     ctx.drawImage(pig, 990, 365);
     ctx.drawImage(pig, 1130, 365);
     ctx.drawImage(bird, x, 340);
     x = x + 3;
}
```

➤ 飞行中小鸟的 *x* 坐标大于等于 912 且小于 990 时，后面两只小猪和飞行中的小鸟在界面上，第一只小猪和第二只小猪消失。

（5）碰撞第四只小猪。实现代码如下：

```
if (x < 825) {
     ......
} else if (x < 912) {
     ......
} else if (x < 990) {
     ......
} else if (x < 1130) {
     ctx.drawImage(pig, 1130, 365);
     ctx.drawImage(bird, x, 340);
     x = x + 3;
} else {
     ctx.drawImage(bird, 1200, 500);
}
```

- 飞行中小鸟的 x 坐标大于等于 990 且小于 1130 时，只有最后一只小猪和飞行中的小鸟在界面上，前三只小猪消失。若飞行中小鸟的 x 坐标大于等于 1130 时，所有的小猪消失，小鸟落地。

小猪消失 小鸟落地 支架倒下

当飞行中小鸟的 x 坐标大于等于 1130 时，所有的小猪消失，飞行中的小鸟落地，支架倒下。那么如何实现如此效果呢？

（1）换背景图。实现代码如下：

```
var bg = new Image();
bg.src = "images/bg2.png";
```

（2）支架倒下。实现代码如下：

```
if(x < 825){
    ......
}else if(x < 912){
    ......
}else if(x < 990){
    ......
}else if(x < 1130){
    ctx.drawImage(pig, 1130, 365);
    ctx.drawImage(stand1, 1132, 361);
    ctx.drawImage(stand2, 1150, 372);
    ctx.drawImage(bird, x, 340);
    x = x + 3;
}else{
    ctx.drawImage(bird, 1200, 500);
    ctx.drawImage(stand3, 1080, 445);
}
```

若飞行中小鸟的 x 坐标大于等于 990 且小于 1130 时，画飞行中的小鸟，最后一只小猪和最后一个支架，若飞行中小鸟的 x 坐标大于等于 1130 时，画倒地的支

架和落地的小鸟。

愤怒的小鸟的完整代码

```
/* 支架倒下 */
var bg = new Image();
bg.src = "images/bg2.png";
var pig = new Image();
pig.src = "images/pig.png";
var bird = new Image();
bird.src = "images/bird.png";
var slingshot1 = new Image();
slingshot1.src = "images/slingshot1.png";
var slingshot2 = new Image();
slingshot2.src = "images/slingshot2.png";
var stand1 = new Image();
stand1.src = "images/stand1.png";
var stand2 = new Image();
stand2.src = "images/stand2.png";
var stand3 = new Image();
stand3.src = "images/stand3.png";
// 弹弓上小鸟的 x 坐标
var x = 135;
// 控制小猪动的快慢
var index = 0;
// 页面刷新的频率
var i = 0;
setInterval(function() {
    // 画背景
    ctx.drawImage(bg, 0, 0);
    ctx.drawImage(slingshot1, 155, 305);
    //ctx.drawImage(bird, x, 315);
    ctx.drawImage(slingshot2, 125, 300);
    ctx.drawImage(bird, 105, 460);
    ctx.drawImage(bird, 50, 500);
    ctx.drawImage(bird, 10, 500);
    //ctx.drawImage(pig, 825, 365);
    //ctx.drawImage(pig, 1130, 315);
    // 页面刷新 20 次，index 在自身的基础上加 1
    if (i % 20 == 0) {
```

```
        index = index + 1;
    }
    i = i + 1;
    // 小鸟碰到小猪，小猪消失
    if (x < 825) {
        // 第一只小猪动起来
        if (index % 2 == 0) {
            ctx.drawImage(pig, 825, 365);
        } else if (index % 3 == 0) {
            ctx.drawImage(pig, 823, 365);
        } else {
            ctx.drawImage(pig, 820, 365);
        }
        // 第二只小猪动起来
        if (index % 2 == 0) {
            ctx.drawImage(pig, 912, 365);
        } else if (index % 3 == 0) {
            ctx.drawImage(pig, 915, 365);
        } else {
            ctx.drawImage(pig, 907, 365);
        }
        ctx.drawImage(pig, 990, 365);
        ctx.drawImage(pig, 1130, 315);
        // 画支架
        ctx.drawImage(stand1, 1132, 361);
        ctx.drawImage(stand2, 1150, 372);
        ctx.drawImage(bird, x, 340);
        x = x + 3;
    } else if (x < 912) {
        // 第二只小猪动起来
        if (index % 2 == 0) {
            ctx.drawImage(pig, 912, 365);
        } else if (index % 3 == 0) {
            ctx.drawImage(pig, 915, 365);
        } else {
            ctx.drawImage(pig, 907, 365);
        }
        ctx.drawImage(pig, 990, 365);
        ctx.drawImage(pig, 1130, 315);
```

```
        // 画支架
        ctx.drawImage(stand1, 1132, 361);
        ctx.drawImage(stand2, 1150, 372);
        ctx.drawImage(bird, x, 340);
        x = x + 3;
    } else if (x < 990) {
        ctx.drawImage(pig, 990, 365);
        ctx.drawImage(pig, 1130, 315);
        // 画支架
        ctx.drawImage(stand1, 1132, 361);
        ctx.drawImage(stand2, 1150, 372);
        ctx.drawImage(bird, x, 340);
        x = x + 3;
    } else if (x < 1130) {
        ctx.drawImage(pig, 1130, 315);
        // 画支架
        ctx.drawImage(stand1, 1132, 361);
        ctx.drawImage(stand2, 1150, 372);
        ctx.drawImage(bird, x, 340);
        x = x + 3;
    } else {
        ctx.drawImage(bird, 1200, 500);
        ctx.drawImage(stand3, 1080, 445);
    }
}, 10);
```

童
程
童
美

课后心得

第七课 方　　法

知识目标

方法的定义和调用

项目目标

创建并调用飞机移动的方法

（1）方法（函数）就像一块积木。

（2）调用方法就像使用积木搭建一辆汽车。

（3）上图中，我们用一块一块的积木拼成了一辆汽车，那每一块积木都是事先制造好的，有其固定的使用方式和要拼接的位置，有的做轮子，有的做车头。方法就像

是一块积木，也需要我们事先写好它的功能；调用方法就像是使用积木搭建一辆汽车，我们只要把创建好的方法拿过来在需要的位置使用就可以了。

创建方法

情景 1：早上起来，肚子饿了，我跟妈妈说：“妈妈给我一碗清汤面”。

（1）创建方法就像妈妈做饭（cook）。

（2）创建妈妈做饭方法，代码如下：

```
function cook( ){
  alert( “一碗清汤面”);
}
```

- function 定义方法的关键字。
- cook 方法名，可以自己指定，和变量的命名规则相同。
- 在两个大括号之间写方法要实现的功能。

调用方法

（1）调用方法就像我说：“妈妈，给我一碗清汤面。”

（2）调用妈妈做饭的方法，代码如下：

```
cook( );
```

调用方法：方法名( )，例如：cook( )。

方法的执行顺序

（1）从这里开始。
（2）根据方法名找到对应方法。
（3）执行方法中的每一行代码。

创建方法说一句你想说的话

（1）创建一个名为 say 的方法，代码如下：

```
function say( ){
    alert( "我想去游乐场" );
}
```

（2）调用 say 方法，代码如下：

```
say( );
```

（3）调用方法，显示效果如图 8-6 所示。

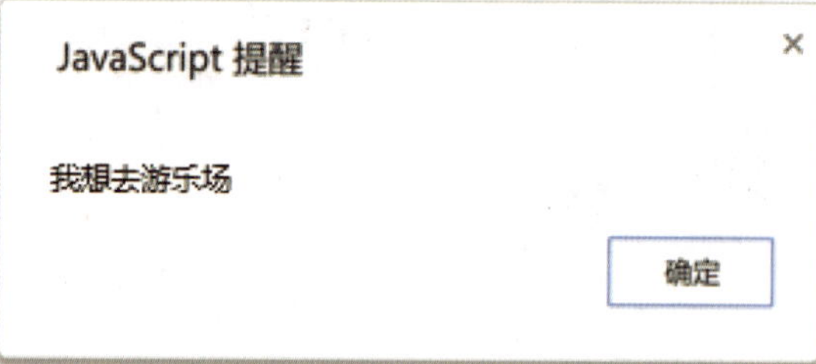

方法的返回值

创建方法 调用方法 方法的返回值

方法的返回值就像妈妈把一碗清汤面递给我。

请看如下代码：

```
function  cook( ){
  return  “一碗清汤面”；
}
var e = cook( );
alert( “吃”  + e);
```

- 在方法的大括号中使用关键字 return 返回方法要返回信息，例如：“一碗清汤面”。
- 声明变量 e 用来接收方法的返回值。

计算两个数的和

（1）创建一个名为 sum 的方法，代码如下：

```
function sum( ){
    return 73 + 27;
}
```

（2）调用 sum( ) 方法，并声明变量 s 接收方法的返回值，代码如下：

```
var s = sum( );
```

（3）在警告框中显示两个数的和，代码如下：

```
alert( "73 + 27 = "  + s);
```

（4）显示效果如下。

当调用 sum( ) 方法后，执行 sum( ) 方法中的内容，即返回 73+27 的结果 100，返回值由变量 s 接收，变量 s 的值为 100。所以，警告框中显示的是 73+27=100。

方法的参数

情景 2：早上起来，肚子饿了，我跟妈妈说："妈妈给我一碗清汤面，加一个荷包蛋！"。

（1）方法的参数就像我要加荷包蛋。

若要吃到加荷包蛋的清汤面，就需要妈妈在做饭的时候，在面里加上这个荷包蛋。同样的道理，若要调用带参数的方法，就要在创建方法时在方法中写上参数。

（2）请看如下代码：

```
function  cook(str){
  return " 一碗清汤面 " + str;
}
var c = cook( “加荷包蛋” );
alert(c);
```

- 在创建方法时，括号中的变量称为形式参数（简称形参）。上面创建 cook( ) 方法时的 str 就是形参。在调用方法时，方法名后面括号中的变量或表达式称为实际参数（简称实参）。如调用 cook( ) 方法时传入的“加荷包蛋”。
- 调用 cook( ) 方法，并声明变量 c 接收方法的返回值。在小括号内填写要传入的实际参数“加荷包蛋”，即给形式参数 str 赋值。

今天吃水饺

（1）创建 cook( ) 的方法，代码如下：

```
function cook(str){
        return str;
}
```

（2）调用 cook( ) 方法，传入参数“水饺”，并声明变量 e 接收 cook 方法的返回值，代码如下：

```
var e = cook(“水饺”);
```

（3）在警告框中显示今天吃水饺，代码如下：

```
alert(“今天吃 ” + e);
```

（4）显示效果如下：

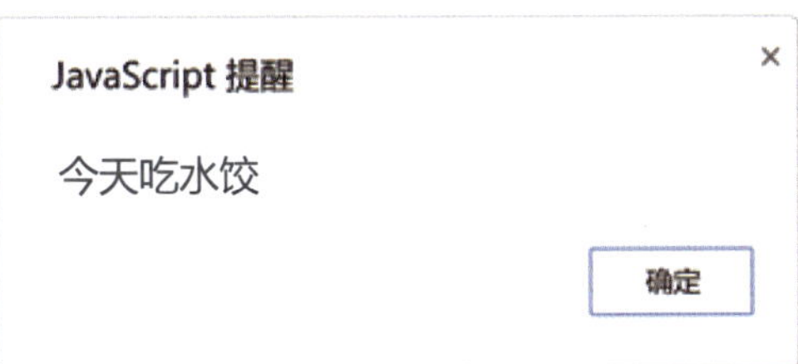

向方法传入两个参数

```
function say(name, str){
  return name + ":" + str;
}
var s = say(“小明”, “我想去游乐场”);
alert(s);
```

代码执行过程如下：

```
var s = say("小明", "我想去游乐场！");
```

name = "小明";　　str = "我想去游乐场！";

```
function say( name , str ){
    return name+ ":" +str;
}
```

使用参数name　　使用参数str

- 定义 say( ) 方法，该方法有两个参数 name 和 str；
- 声明变量 s，接收方法的返回值，给 name 和 str 分别赋值为“小明”和“我想去游乐场”。

注意：如果是两个或者两个以上的参数，参数之间使用逗号（,）来隔开。

使用方法计算两个数的和

（1）创建名为 sum 的方法，且有两个参数，代码如下：

```
function sum(a, b){
      return a + b;
}
```

（2）调用 sum 方法，传入参数“8” 和 “7”，并声明变量 s 接收 sum( ) 方法的返回值，代码如下：

```
var s = sum(8, 7);
```

（3）在警告框中显示传入的两个参数的和，代码如下：

```
alert(s);
```

（4）代码运行结果如下图所示：

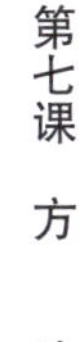

JavaScript 提醒

15

确定

让飞机移动

（1）创建飞机移动的方法，代码如下：

```
var x = 0;
var y = 0;
function step( ){
    ctx.drawImage(enemy, x, y);
    y = y + 3;
}
```

- 创建飞机移动的方法 step( )；
- 在 step( ) 方法中先画出飞机，然后让飞机的 y 坐标在自身的基础上增加 3，实现飞机的向下移动。

（2）在定时器中调用飞机移动的方法 step( )，便可在画布上画出飞机并且飞机 y 坐标的值每隔 10 毫秒在自身的基础上增加 3，进而实现飞机向下移动，代码如下：

```
setInterval(function( ){
    step( );
}, 10);
```

（1）用于定义方法的关键字，下列选项正确的是（　　）。

A. function　　B.var　　C. if　　D. alert

（2）根据以下代码，回答下列问题：

```
function sum(x, y){
    return x + y;
}
var m = sum(30, 20);
alert(m);
```

1）创建方法的关键字________________。

2）方法名________________。

3）方法的参数________________。

4）方法的返回语句________________。

5）调用方法的语句________________。

6）接收返回值的变量名________________。

7）程序的执行结果：________________。

（3）下列代码的执行结果，哪个选项是正确的（　　）。

```
function sum(s1, s2){
    return s1 + s2;
}
var a = sum(5, 7);
alert(a);
```

A. 57　　B. 7　　C. 5　　D. 12

（4）请看下列代码，在警告框上显示的结果正确的是（　　）。

```
function sum(x, y){
    x = 9;
    return x + y;
}
var s = sum(3, 4);
alert(s);
```

A. 7　　B. 13　　C. 12　　D. 10

（5）下列代码定义了 step( ) 方法，下列选项中调用方法的代码正确的是（　　）。

```
function step( ){
    alert( "飞机移动" );
}
```

A. function step;　　B. step( );

C. Step( );　　D. var s = step;

（1）定义一个名为 mul 的方法

1）定义一个名为 mul 的方法，包含参数 x 和 y，返回 x 乘以 y 的结果（提示：乘号为 *）。

2）调用 mul 方法，并给 mul 方法传入两个参数。

3）在警告框中显示计算的结果。

（2）创建一个方法

1）创建一个方法（名字自己起），实现四则运算（+-*/）。

2）该方法有三个参数（第一个数字，运算符，第二个数字）。

3）根据输入的运算符进行判断，进行相应的运算（+-*/）。

4）方法返回计算后的结果。

必做题

（1）定义一个名为 cal 的方法，包含参数 a、b、c，返回 a+b-c 的结果。

（2）调用 cal 方法，并给 cal 方法传三个参数。

（3）在警告框中显示计算的结果。

选做题

（1）定义一个名为 play 的方法，包含参数 name，并返回“我经常玩” + name 的结果。

（2）调用 play 方法，并给 paly 方法传一个参数（游戏的名字）。

（3）在警告框中显示返回的结果。

第八课　对象(属性和方法)

知识目标

- 创建对象
- 访问对象的属性和方法

项目目标

- 为创建 Sky 对象做准备

对象

对象的属性

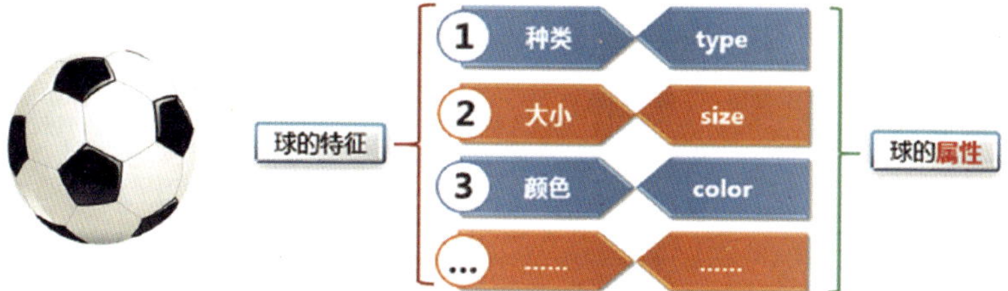

- 对象的属性用于描述对象的特征。

使用 JS 代码表示球对象的属性

（1）定义构造方法，代码如下：

```
function Ball( ){
  this.type =  "足球"；
  this.size =  "小号"；    属性
  this.color =  "白色"；
}
```

注：构造方法名首字母要大写；在构造方法中定义属性都要以this.开头。

（2）创建足球对象，代码如下：

```
var football = new Ball( );
```

- football 是对象名。
- new 用于实例化对象。
- this 代表的是当前对象，代码中 this 代表的是 football 对象。
- 上述代码表示：在创建 football 对象时，调用 Ball( ) 构造方法，并给属性进行初始化。

（3）访问足球对象的属性，并显示在警告框上，代码如下：

```
alert(football.type +  ":"  + football.size +  ":"  + football.color);
```

- 对象名 . 属性名的形式访问对象的属性。
- 字符串拼接使用 + 号。

（4）代码运行结果如下图所示：

创建篮球对象，并访问对象属性，代码如下：

```
function  Ball() {
    this.type = " 篮球 ";
    this.size = " 中 号 ";
    this.color = " 橙色 ";
}
var basketball = new Ball();
alert(basketball.type + ":" + basketball.size + ":" + basketball.color);
```

- 此时 this 代表的是 basketball 对象。

代码的运行结果如下图所示：

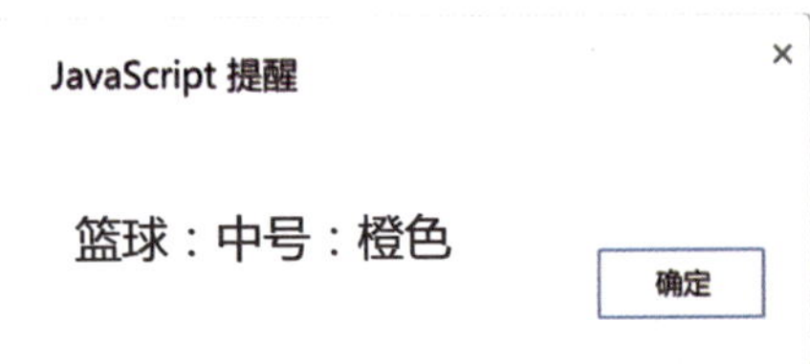

鱼对象

（1）鱼对象的属性：

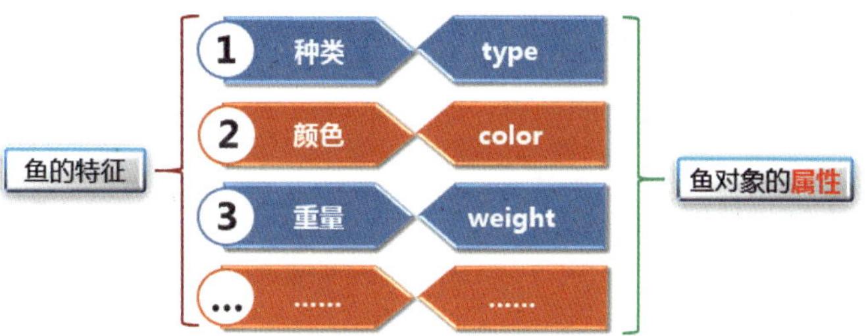

（2）定义 Fish 构造方法并创建 goldfish 对象，访问对象的属性。代码如下：

```
function Fish( ){
  this.type = "金鱼"；
  this.color = "红色"；
  this.weight = "200g"；
}
var goldfish = new Fish( );
alert(goldfish.type + ":" + goldfish.color + ":" + goldfish.weight);
```

（3）代码运行结果如下图所示：

JavaScript 提醒

金鱼：红色：200g

确定

学生对象

（1）学生对象的属性：

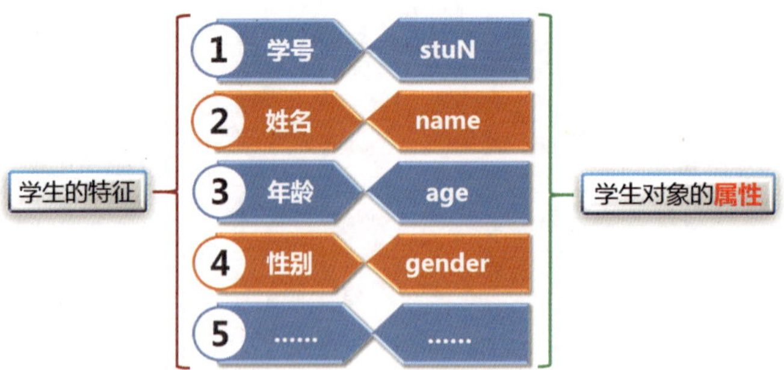

（2）定义 Student 构造方法。代码如下：

```
function Student( ){
  this.stuN = 17;
  this.name = "王小利";
  this.age = 10;
  this.gender = "男";
}
```

（3）创建学生对象。代码如下：

```
var stu = new Student( );
```

（4）访问学生对象的属性。代码如下：

```
alert(stu.stuN + ":" +stu.name + ":" + stu.age + ":" + stu.gender );
```

（5）代码运行结果如下图所示：

球对象的属性和方法

（1）球对象的属性：

属性

种类：type
大小：size
颜色：color

属性：用于描述对象的特征。

（2）球对象的方法：

方法：用于描述对象的动作或者针对对象的操作。

（3）在构造方法 Ball 中定义 inflate 方法，代码如下：

```
function Ball( ){
  this.type = “足球”;
  this.size = “小号”;
  this.color = “白色”;
  this.inflate = function( ){
    alert(“给” + this.type + “充气”);
  }
}
```

- 先定义构造方法 Ball( )。
- 在构造方法 Ball( ) 中定义 inflate 方法，在 inflate 方法中实现用警告框显示给某种种类的球充气。

创建 football 对象，并调用 football 对象的 inflate 方法，代码如下：

```
var football = new Ball( );
football.inflate( );
```

- 创建 football 对象。
- 调用 football 对象的 inflate 方法：对象名 . 方法名 ( )，即 football.inflate( )。

代码运行结果如下图所示：

（4）在 Ball 构造方法中定义 move 方法，代码如下：

```
function Ball(){
  this.type = “足球”；
  this.size = “小号”；
  this.color = “白色”；
  this.inflate = function(){
    alert(“给” + this.type + ” 充气”);
  }
  this.move = function(){
    alert(“踢” + this.type);
  }
}
```

创建 football 对象，并调用 move 方法，代码如下：

```
var football = new Ball( );
football.move( );
```

- 在 Ball 中定义方法 move；在 move 方法中实现用警告框显示踢某种种类的球。
- 创建 football 对象。
- 方法的调用（对象名 . 方法名 ( )）：football.move( )。

代码运行结果如下图所示：

鱼对象的属性和方法

（1）鱼对象的属性：

类型：type
颜色：color
重量：weight

（2）鱼对象的方法：

方法

吃食：eat()

（3）在构造方法 Fish 中定义 eat 方法，代码如下：

```
function  Fish() {
    this.type = " 金鱼 ";
    this.color = " 红色 ";
    this.weight = "200g";
    this.eat = function() {
        alert(this.color + " 的 " + this.type + " 吃虾米 ");
    }
}
```

（4）创建 goldfish 对象，并调用 goldfish 对象的 eat 方法，代码如下：

```
var goldfish = new Fish();
goldfish.eat();
```

（5）代码运行结果如下图所示：

JavaScript 提醒 ×

红色的金鱼吃虾米

确定

学生对象的属性和方法

（1）学生对象的属性：

属性

学号：stuN
姓名：name
年龄：age
性别：gender

（2）学生对象的方法：

学习：study( )

（3）在构造方法 Student 中定义方法 Study，代码如下：

```
function Student() {
    this.stuN = 17;
    this.name = " 张小利 ";
    this.age = 10;
    this.gender = " 男 ";
    this.study = function() {
        alert(this.name + " 在学习编程 ");
    }
}
```

（4）创建 stu 对象，并调用 stu 对象的 study 方法，代码如下：

```
var stu = new Student( );
stu.study( );
```

（5）代码运行结果如下图所示：

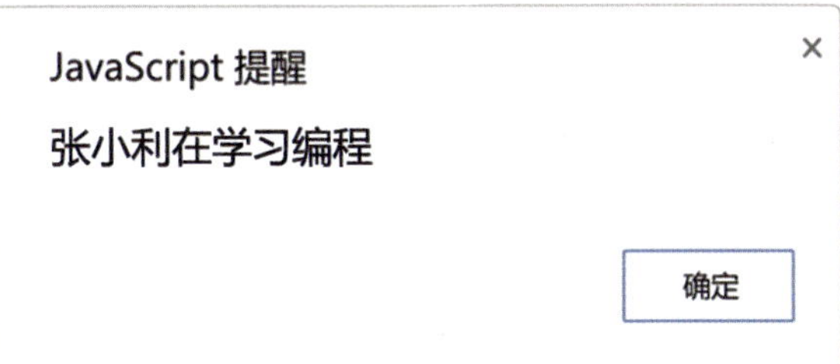

（1）在 Pen 构造方法中定义 color 属性，下列选项正确的是（　　）。

A.
```
function Pen( ){
    color= "red" ;
}
```

B.
```
function Pen( ){
    color=red ;
}
```

C.
```
function Pen( ){
    this.color= "red" ;
}
```

D.
```
function Pen( ){
    this.color=red ;
}
```

（2）以下代码创建了 pencil 对象：

```
var pencil = new Pen ( );
```

访问 pencil 对象的 color 属性，下列选项正确的是（　　）。

A. Pen.color　　B. pen.color

C. Pencil color　　D. pencil.color

（3）在构造方法 Car 中定义 drive 方法，下列选项中正确的是（　　）。

A.
```
function Car( ){
    drive = function( ){
        alert( "开车" );
    }
}
```

B.
```
function Car( ){
    this.drive = function(){
        alert( "开车" );
    }
}
```

C.
```
function Car( ){
    drive = alert( "开车" );
}
```

（4）以下代码创建了 Pen 构造方法（ ）。

```
function Pen() {
    this.write = function() {
        alert(" 写字 ");
    }
}
var pencil = new Pen();
```

调用 pencil 对象的 write 方法，下列选项正确的（ ）。

A. pen.write(); B. pencil.write();

C. pencil.write; D. Pencil.write();

（1）定义一个 Car 构造方法，属性包括：type(类型)、color(颜色)、number（车牌号），方法为 drive， 该方法实现的功能为：在警告框上显示开某种类型的车。

使用 Car 构造方法创建 bus 对象。

访问 bus 对象的属性，并显示在警告框上，调用 bus 对象的 drive 方法。

（2）定义一个 Teacher 构造方法：属性包括：name（名字）、course（学科）、gender（性别），方法为：teach，方法实现的功能是：在警告框上显示某某老师教授某某课程。

创建对象，访问对象的属性并调用对象的 teach 方法。

必做题

（1）定义一个 Animal 构造方法，属性包括：type（种类）、age（年龄）、weight（重量），方法为 eat，该方法实现的功能为：在警告框上显示某种种类的动物在吃东西。

（2）使用 Animal 构造方法创建 tiger 对象。

（3）访问 tiger 对象的属性，并显示在警告框上，调用 tiger 对象的 eat 方法。

选做题

（1）定义 Pen 构造方法，并在 Pen 构造方法中定义方法 draw, 该 draw 方法中包含两个参数 name 和 type。该方法实现的功能为：在警告框中显示“某人在用某种类型的笔画画！”。

（2）创建 pen 对象，并调用 pen 对象的 draw 方法。

同学们每天都要使用电脑，对键盘上的字母排列实在搞不明白，为什么会出现这样不规则的组合？有些人说，这是为了达到最快的打字速度而设计的。其实这样的组合是一个误区，同时又是一个骗局。

1873 年，美国发明家克利斯托弗发明了世界上第一台打字机，键盘是按照英文字母的顺序排列的。在操作中，他发现打字的速度一加快，键槌就容易被卡住。他的弟弟给他出了一个主意，他把常用字的键符分开布局，这样每次击键的时候，就不会连续击打同一块区域而卡死。这样不规则的排列后，卡键现象果然大大减少，但打字速度减慢了。在推销打字机的时候，克利斯托弗对客户说，这样的布局他们做了大量的研究，证明可以大大提高打字速度，结果所有人都相信了他的说法。现在，我们已经习惯了这样的键面布局，认为的确能提高打字速度。

最近看到一则资料说，国外一些数学家经过研究认为，按照目前的技术，已经解决了卡键问题，字母的任何一种排列都不会影响打字速度。可现在不太可能出现第二种排列的键盘，因为人们都习惯了。

课后心得

第九课　对象（传参）

知识目标

以传参的形式创建对象

项目目标

实现天空的连续移动

sky
天空

Sky 的属性和方法

（1）天空对象的属性：

属性

图片：img
x坐标：x
y坐标：y
高度：height
宽度：width

（2）天空对象的方法：

（3）在 Sky 构造方法中定义属性：

```
function  Sky() {
    this.height = 852;
    this.width = 480;
    this.img = background;
    this.x1 = 0;
    this.y1 = 0;
    this.x2 = 0;
    this.y2 = -this.height;
}
```

（4）在 Sky 构造方法中定义 paint 方法：

```
function  Sky() {
      ......
      this.paint = function(ctx) {
           ctx.drawImage(this.img, this.x1, this.y1);
           ctx.drawImage(this.img, this.x2, this.y2);
      }
}
```

- 定义 paint 方法，将背景图片画在画布上。

（5）创建 sky 对象，并调用 sky 对象的 paint 方法：

```
var sky = new Sky();
setInterval(function() {
     sky.paint(ctx);
}, 10);
```

- 创建 sky 对象。
- 在定时器要做的事中，调用 sky 对象的 paint 方法，实现每隔 10 毫秒将背景图片画在画布上。

注：1 秒钟 = 1000 毫秒。

（6）创建 step 方法实现背景的连续移动：

```
function  Sky() {
    ......
    this.step = function() {
        this.y1 = this.y1 + 1;
        this.y2 = this.y2 + 1;
        if(this.y1 > this.height) {
            this.y1 = -this.height;
        }
         if(this.y2 > this.height) {
            this.y2 = -this.height;
        }
    }
}
```

（7）调用 sky 对象的 step 方法：

```
setInterval(function() {
    sky.paint(ctx);
    sky.step();
}, 10);
```

- 在定时器要做的事中，实现每隔 10 毫秒调用 sky 对象的 step 方法，实现背景图片的连续移动。

球对象的属性和方法

（1）球对象的属性和方法。

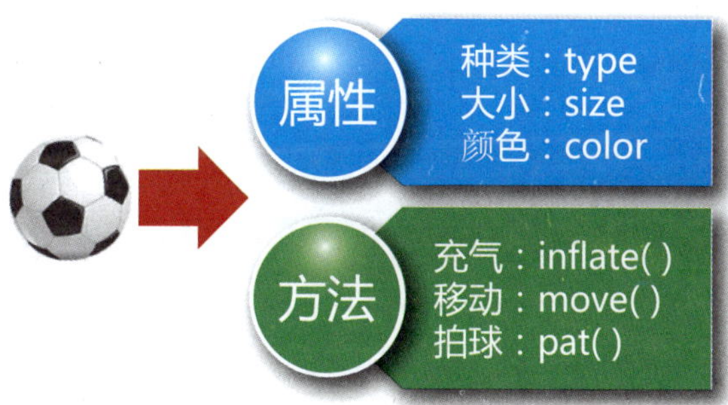

属性用于描述对象的特征。

方法用于描述对象的动作或者对对象的操作。

（2）以传参的形式定义 Ball 构造方法，代码如下：

```
function Ball(type, size, color){
    this.type = type;
    this.size = size;
    this.color = color;
    this.inflate = function(){
        alert( “给” + this.type + “充气”);
    }
}
```

- 构造方法名 Ball 后小括号内的（type、size、color）为需要传入的参数。
- 把参数分别赋值给对象的相应属性。
- 在构造方法 Ball 中定义 inflate 方法，在 inflate 方法中用警告框显示给某种种类的球充气。

（3）以传参的形式创建篮球对象，并调用 inflate 方法，代码如下：

```
var basketball = new Ball( “篮球”，“中号”，“橙色”);
basketball.inflate( );
```

- 传入的三个参数即对 type，size，color 三个参数分别赋值为“篮球”、“中号”和“橙色”。
- 调用对象的方法的格式为：对象名 . 方法名 ( )。

（4）代码运行结果如下图所示。

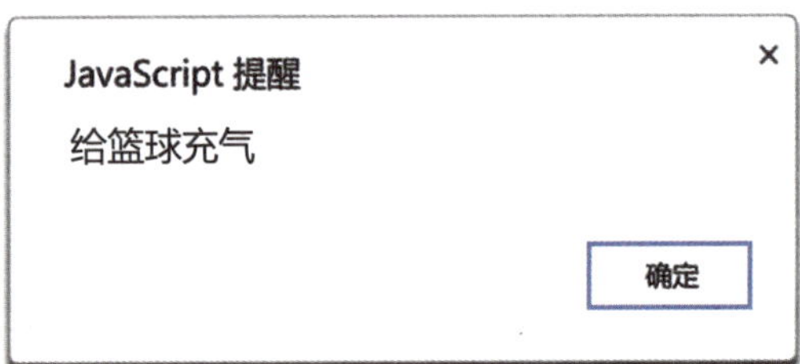

以传参的形式创建足球对象，代码如下：

```
function  Ball(type, size, color) {
        this.type = type;
        this.size = size;
        this.color = color;
        this.inflate = function() {
            alert(" 给 " + this.type + " 充气 ");
        }
}
var football = new Ball(" 足球 ", " 小号 ", " 白色 ");
football.inflate()
```

代码运行结果如下图所示：

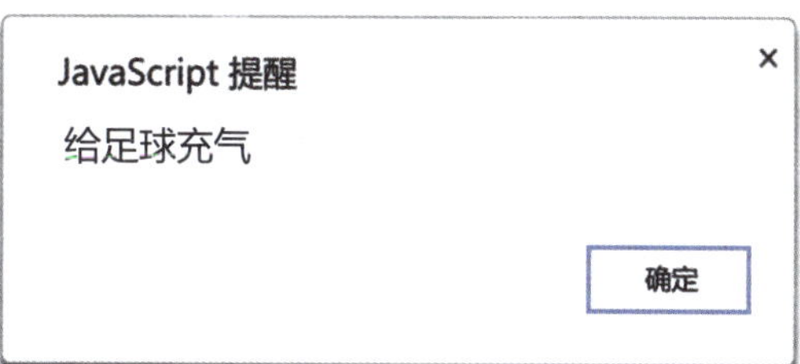

计算正方形的周长和面积

（1）正方形对象的属性和方法：

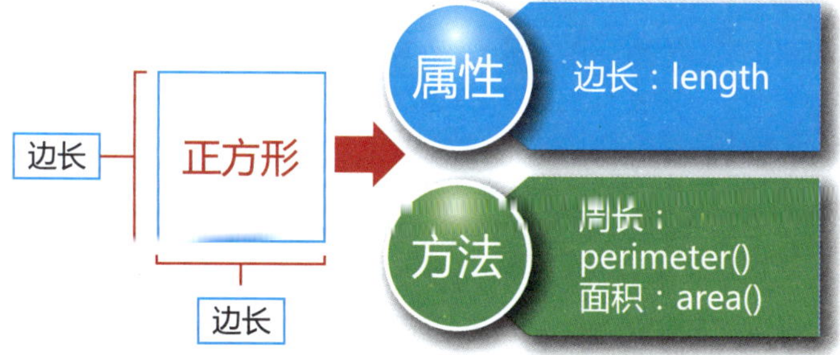

（2）正方形的周长和面积：

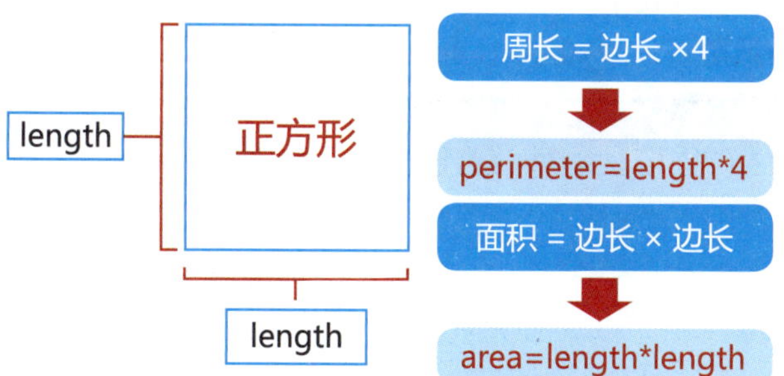

（3）定义 Square 构造方法，代码如下：

```
function  Square(length) {
    this.length = length;
    this.perimeter = function() {
        return this.length * 4;
    }
    this.area = function() {
        return this.length * this.length;
    }
}
```

- 在 Square 构造方法中定义 perimeter 方法求正方形的周长，返回值为正方形周长的计算结果。
- 在 Square 构造方法中定义 area 方法求正方形的面积，返回值为正方形面积的计算结果。

（4）创建 square 对象，并传入参数 5：

```
var square = new Square(5);
```

（5）调用 square 对象的 perimeter 方法，求正方形的周长，代码如下：

```
var p = square.perimeter();
alert( "周长为：" + p);
```

代码运行结果如下图所示：

（6）调用 square 对象的 area 方法，求正方形的面积，代码如下：

```
var a = square.area();
alert( "面积为：" + a);
```

代码运行结果如下图所示：

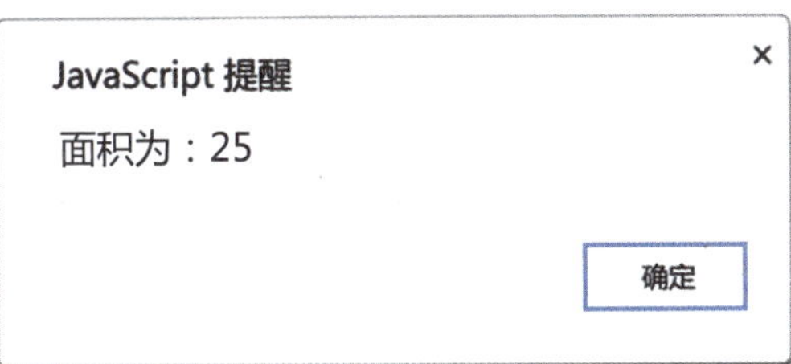

以传参的形式重构 Student 构造方法

（1）分析学生对象的属性：

（2）以传参的形式重构 Student 构造方法，代码如下：

```
function Student(stuN, name, age, gender){
    this.stuN = stuN;
    this.name = name;
    this.age = age;
    this.gender = gender;
    this.study = function(){
      alert(this.name + “在学习编程”);
    }
}
```

（3）创建学生对象并传入参数，访问对象的属性，调用学生对象的 study 方法。代码如下：

```
var stu = new Student(17, "王小利", 10 , "男");
alert(stu.stuN + ":" + stu.name + ":" + stu.age + ":" + stu.gender);
stu.study();
```

（4）代码运行结果如下图所示：

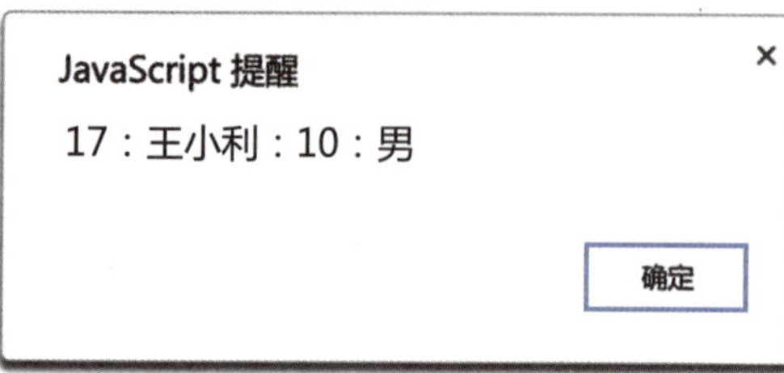

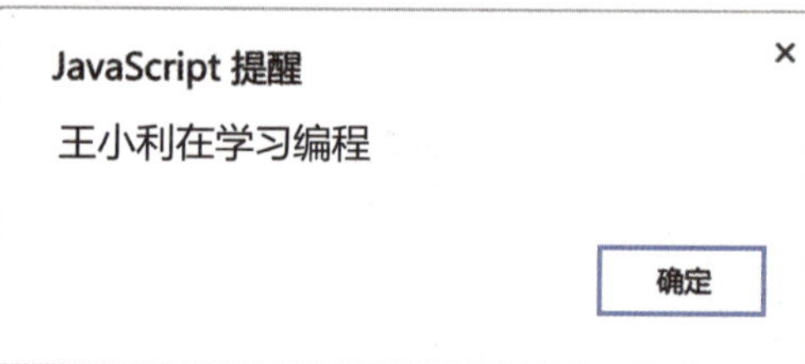

购物系统商品案例

Product 对象的属性

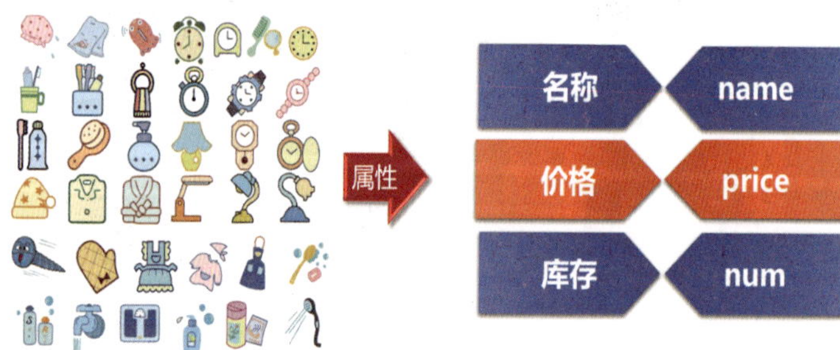

（1）以传参的形式定义 Product 构造方法，代码如下：

```
function Product(name, price, num) {
    this.name = name;
    this.price = price;
    this.num = num;
    this.buy = function(n) {
        this.num = this.num - n;
        if (n >= 10) {
            this.price = this.price * 0.8;
        }
        if (this.num < 0) {
            alert(" 库存不足 ");
            return 0;
        } else {
            return this.price * n;
        }
    }
}
```

- 当商品数量大于或者等于 10，我们为此商品价格打 8 折。
- 当购买的商品数量大于库存时 this.num 会得到一个负数，显示库存不足。

（2）实例化 product 并传参，代码如下：

```
var product = new Product(" 游戏点卡 ", 50, 1000);
var n = prompt(" 请输入您想购买的商品数量 ");
var money = product.buy(n);
alert(" 您本次消费的总金额为 " + money + " 元 ");
```

（1）请看下列代码：

```
function Student(name, gender){
    this.name = name;
    this.gender = gender;
    this.study = function(){
        alert(this.name + “在学习”);
    }
}
var stu = new Student(“小利”，“男”);
```

调用 stu 对象的 study 方法正确的是（　　）。

A. Student.study;　　B. stu.study;　　C. stu.study();

（2）请看下列代码：

```
function Student(name, gender){
    this.name = name;
    this.gender = gender;
    this.study = function(){
        alert(this.name + "在学习");
    }
}
var stu = new Student("小利", "男");
var stu1 = new Student("小明", "男");
stu1.study();
```

上述代码的运行结果正确的是（　　）。

A. JavaScript 提醒　小明在学习　确定

B. JavaScript 提醒　小利在学习　确定

（3）定义 Student 构造方法并传入参数 name 和 age，下列选项中正确的是（　　）。

A.
```
function Student(name, age){
    name = name;
    age = age;
}
```

B.
```
function Student(name, age){
    this.name = name;
    this.age = age;
}
```

（4）在构造方法 Student 中定义 say 方法，下列选项正确的是（　　）。

A.
```
function Student(name, age){
    this.name = name;
    this.age = age;
    function say(){
        alert(name + "今年" + age + "岁");
    }
}
```

B.
```
function Student(name, age){
    this.name = name;
    this.age = age;
    this.say = function(){
        alert(this.name + "今年" + this.age + "岁");
    }
}
```

定义 Book 构造方法，属性为 b_name(名字)、b_type(类型)和 b_price(价格)，要求以传递参数 (name, type, price) 的形式为属性赋值。

创建 read 方法，包含参数：personName，实现功能：personName 正在读 b_name 书。

必做题

创建带参数的构造方法 Fruit()。

属性：type、color、size。

方法：eat()，该方法实现的功能为在警告框上显示“吃水果”。

选做题

创建带参数的构造方法 Maths()，创建对象时如果传入的是正方形，则计算正方形的周长，如果传入的是圆形，则计算圆形的周长。

童
程
童
美

课后心得

第十课　随机数和数组

知识目标

- 随机数的概念及应用
- 数组的定义
- 数组的访问

项目目标

- 实现在随机的 x 坐标位置画出敌机，并实现敌机的移动

掷骰子

思考：我们掷骰子的时候，会掷出几种结果，分别是几？

在掷骰子游戏中，骰子的数字范围：0 <= 骰子数 <= 6。

生成随机数

```
alert( "生成的随机数为：" + Math.random( ));
```

- 在 JS 语言中，生成随机数用 Math.random( ) 方法。
- Math 对象是 JS 语言的一个内置对象，包含很多属性和方法。此对象不需要我们创建，直接使用该对象的属性和方法便可实现相应的功能。例如，调用 Math 对象的 random 方法，便可返回 0 ~ 1 之间的随机数。
- Math.random( ) 取值范围在 0 ~ 1 之间，包含 0，不包含 1。

生成范围在 [0,100) 之间的随机数

0×100=?	➡	0
0.1×100=?	➡	10
0.2×100=?	➡	20
......		
0.9×100=?	➡	90
1.0×100=?	➡	100

观察上述各个表达式，我们可以发现 0 ~ 1 之间的任意数乘以 100 后的值在 0 ~ 100 之间，所以，要想生成范围在 [0,100) 之间的随机数，可以将 Math.random() 乘以 100 即可。具体分析如下：

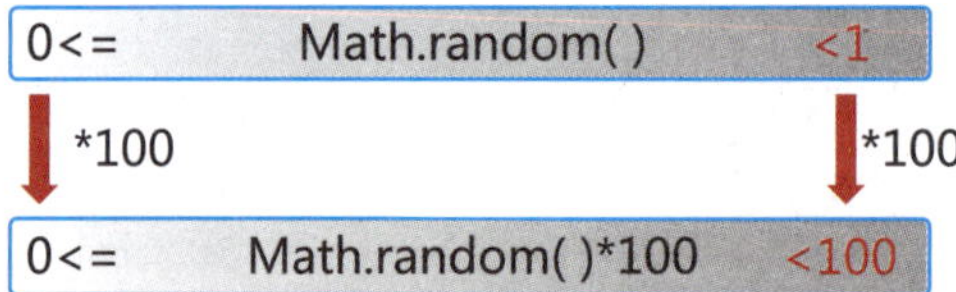

如上图所示，Math.random() 的取值范围为 [0，1)，将 Math.random() 乘以 100 后，取值范围为 [0,100)。

注意：[0,100) 属于区间的概念，表示取值范围。[0,100) 的取值范围为大于等于 0 且小于 100。左边的中括号表示大于等于 0（包含 0），右边的小括号表示小于 100（不包含 100）。区间的规律：中括号紧挨的那个数字包含在取值范围中，小括号紧挨的数字不包含在取值范围内。

生成 0~100 之间的随机数，完整代码如下：

```
var n = Math.random( )*100;
alert( "生成 0~100 之间的随机数为：" + n);
```

生成范围在 [100,200) 之间的随机数

0×100+100=?	➡	100
0.1×100+100=?	➡	110
0.2×100+100=?	➡	120
……		
0.9×100+100=?	➡	190
1.0×100+100=?	➡	200

观察上述各个表达式，我们可以发现 0 ~ 1 之间的任意数乘以 100 再加上 100 后的值在 100 ~ 200 之间。所以，要想生成范围在 [100,200) 之间的随机数，直接用 Math.random() 乘以 100 再加 100 即可。具体分析如下：

左边	表达式	右边
0<=	Math.random( )	<1
↓*100		↓*100
0<=	Math.random( )*100	<100
↓+100		↓+100
100<=	Math.random( )*100+100	<200

如上图所示，Math.random( ) 的取值范围为 [0,1)，将 Math.random( ) 乘以 100 后，取值范围为 [0,100)。Math.random( )*100+100，左边 0+100 等于 100，右边 100+100 等于 200，因此取值范围为 [100,200)。

生成 100~200 之间的随机数，完整代码如下：

```
var n = Math.random( )*100 + 100;
alert( "生成的 100~200 之间的随机数为：" + n);
```

随机产生敌机的 x 坐标

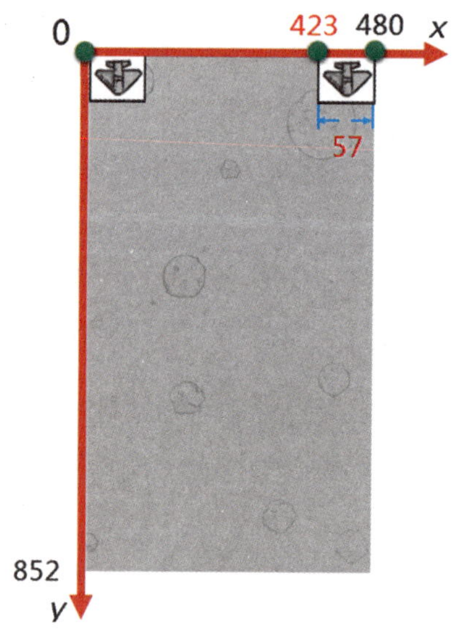

如上图所示，敌机图片的宽度为 57，画布宽度为 480，因此若想显示完整的敌机，则敌机 x 坐标的取值范围为 0 <= x < 480-57，也就是 [0,423)。

由于 Math.random() 方法的取值范围是 [0,1)，要想随机生成 [0,423) 的随机数，那么就可以直接用 Math.random()*423 即可。

码到成功

完整代码如下：

```
var x = Math.random()*(480 - 57);
alert( "敌机 x 坐标为：" + x);
```

以传参的形式重构 Enemy 构造方法

（1）敌机的属性：

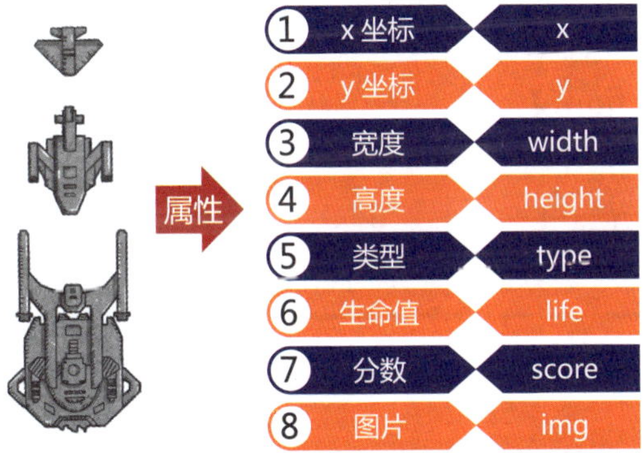

（2）重构 Enemy 构造方法，代码如下：

```
function Enemy(x, y, width, height, type, life, score, img){
    this.x = x;
    this.y = y;
    this.width = width;
    this.height = height;
    this.type = type;
    this.life = life;
    this.score = score;
    this.img = img;
}
```

（3）在构造方法 Enemy 中创建 paint 方法，代码如下：

```
function Enemy(x, y, width, height, type, life, score, img){
    ... ...
    this.paint = function(ctx){
        ctx.drawImage(this.img, this.x, this.y);
    }
}
```

（4）在构造方法 Enemy 中创建 step 方法，代码如下：

```
function Enemy(x, y, width, height, type, life, score, img){
    ... ...
    this.step = function(){
      this.y = this.y + 2;
    }
}
```

（5）创建敌机对象，代码如下：

```
var x = Math.random() * (480 - 57);
var enemy1 = new Enemy(x, -51, 57, 51, 1, 1, 1, enemy);
```

（6）在定时器要做的事中，调用敌机对象的 paint 方法和 step 方法，将敌机画在画布上，并实现敌机的向下移动，代码如下：

```
setInterval(function(){
    ......
    enemy1.paint(ctx);
    enemy1.step();
},10);
```

声明变量表示家庭成员

（1）声明变量表示家庭成员，代码如下：

```
var father = “爸爸”;
var mother = “妈妈”;
var i = “我”;
alert(father + mother + i);
```

（2）代码结果运行如下图所示：

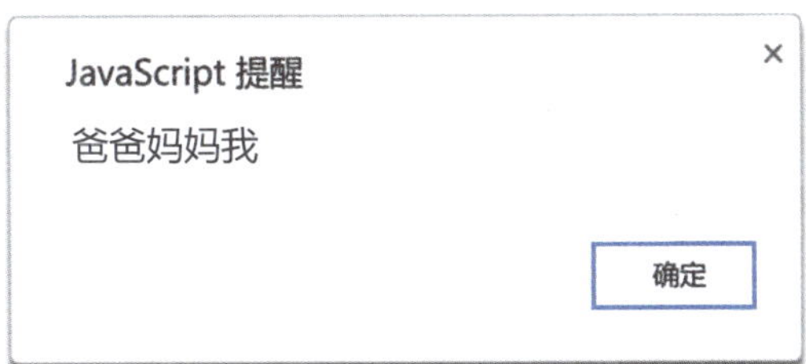

认识数组

还是以家庭成员为例，假设想要使用一个程序来记录你所知道的家庭成员，我们直接声明不同的变量来表示即可。但是，如果你要记录 20 名家庭成员呢？你需要创建 20 个不同的变量，这就比较复杂了。如果把所有家庭成员都放在一起，难道不是更简单一些吗？这就需要用到今天的新知识——数组。

什么是数组呢？数组就像一列火车，前面的车头代表数组名，后面的每一节车厢分别承载“爸爸”、“妈妈”和 " 我 "，也就是数组中的每一个元素。

创建数组

（1）使用数组存储家庭成员，代码如下：

```
var family = [ “爸爸”, “妈妈”, “我” ];
alert(family);
```

- 创建数组需要使用中括号 []。
- 数组中单个的值称之为元素。因为“爸爸”、“妈妈”和“我”是字符串，所以需要用双引号括起来。
- 数组中的每个元素之间使用逗号来分隔。
- 数组中可以存储任何内容，数字、字符串和对象等。

（2）在警告框上显示数组中的内容，代码如下：

```
alert(family);
```

代码的运行结果如下：

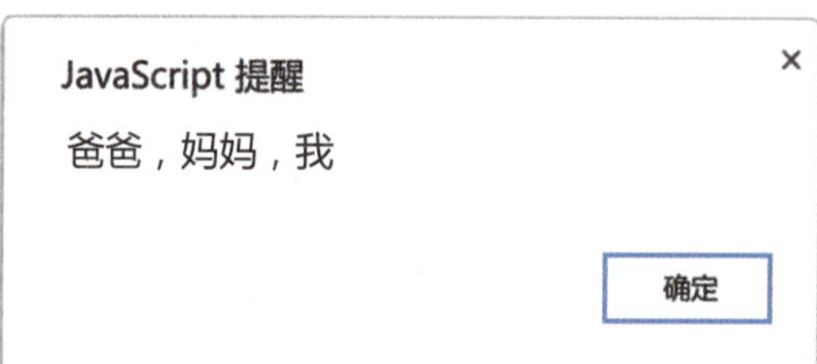

访问数组中的元素

当访问数组中的元素时，使用中括号加上想要的元素下标（索引）即可。那什么是下标（索引）呢？下标（索引）表示某个东西的位置。前面讲到，数组就像一列火车。在实际生活中，比如“爷爷”在第 4 车厢，那么“爷爷”在这列火车的下标（索引）就是 4。不过，如果“爷爷”是数组中的第 4 个元素，下标（索引）则是 3，因为数组中元素的下标（索引）从 0 开始，如下图所示。

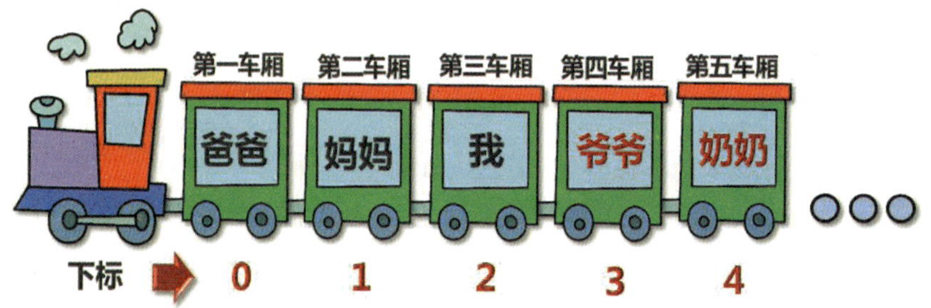

注意：数组的下标（索引）从 0 开始。

（1）获取家庭成员中的“爷爷”，代码如下：

```
alert(family[3]);
```

我们在访问数组中元素的时候，首先要知道这个元素在哪个数组中，所以应该先写数组名 family。然后，使用中括号加上该元素在数组中的下标即可。“爷爷”

在 family 数组中的下标为 3，因此代码为 family[3]。

代码的运行结果如下图所示：

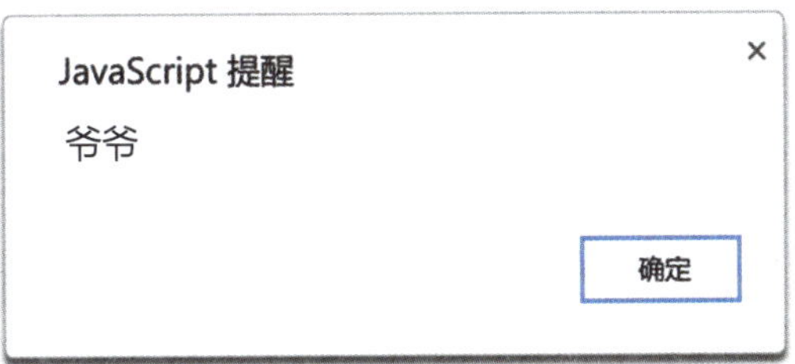

（2）获取家庭成员中的“妈妈”，代码如下：

```
alert(family[1]);
```

代码的运行结果如下图所示：

JavaScript 提醒

妈妈

确定

测测你的前世身份

（1）使用数组存储不同的身份，代码如下：

```
var arr = [ “威震天下的武林盟主”，
            “救死扶伤的神医”，
            “指点江山的真龙天子”，
            “杀人于无形的暗影杀手”，
            “富甲一方的富商”，
            “痴迷于音律的天才乐师” ];
```

（2）使用 prompt 方法提示用户输入你的姓名，代码如下：

```
var name = prompt( “请输入你的姓名：” );
```

（3）通过产生不同的随机数来选择不同的身份，代码如下：

```
var random = Math.random() * 6;
if (random < 1) {
    alert(name + "的前世身份是：" + arr[0]);
} else if (random < 2) {
    alert(name + "的前世身份是：" + arr[1]);
} else if (random < 3) {
    alert(name + "的前世身份是：" + arr[2]);
} else if (random < 4) {
    alert(name + "的前世身份是：" + arr[3]);
} else if (random < 5) {
    alert(name + "的前世身份是：" + arr[4]);
} else if (random < 6) {
    alert(name + "的前世身份是：" + arr[5]);
}
```

（1）回答下列问题：

1）产生随机数的方法为________________。

2）产生 [0,10）之间随机数的代码为________________。

3）产生 [50,100）之间随机数的代码为________________。

（2）随机数 Math.random() 的取值范围（　　）。

A. 0 <= Math.random() <= 1　　B. 0 < Math.random() < 1

C. 0 < Math.random() <= 1　　D. 0 <= Math.random() < 1

（3）请看下列代码：

var x = Math.random()*30 + 50;

x 表示生成的随机数，生成的随机数范围下列选项正确的是（　　）。

A. 30 < x < 80　　B. 50<= x < 80

C. 30<= x <= 80　　D. 50< x <= 80

（4）创建一个数组，数组名字为 a，下列选项正确的是（　　）。

A. var a = [ ];　　B. var a = ( );

C. var a = { };　　D. var a = <>;

（5）请看下列代码：

var a = [1, 2, 3, 4, 5, 6, 7, 8, 9];

获取数组中的数字 5，并显示在警告框上，下列选项中正确的是（　　）。

A. alert(a);　　B. alert(a[5]);　　C. alert(a[4]);　　D. alert([5]);

生成 [500,1000) 之间的随机数，并显示在警告框上。

必做题

生成 [1000,2000) 之间的随机数，并显示在警告框上。

选做题

（1）声明变量 num1，存储 [1,10) 之间的随机数。

（2）使用 prompt 方法提示用户“请输入一个 1 ~ 10 之间的数字”，并声明变量 num2 接收用户所输入的信息。

（3）使用 if-else if…else 语句判断用户所输入的数字和生成的随机数的大小，如果随机生成的数字比用户所输入的数字大，在警告框中显示“随机数大于输入数字”，否则，在警告框中显示“输入数字大于随机数”。如果随机生成的数字和用户所输入的数字一样大，则在警告框中显示“随机数等于输入数字”。

编程学习方法：

1. 抛弃老师或者书上的代码，以自己记录的注释和手敲的代码为主。
2. 主动思考为主，遇到问题不要问别人答案是什么，如果遇到困难，可以向别人咨询解决问题的思路。
3. 多看看测试题和程序源代码。
4. 从简单的语言着手，但是需要对比的学习其他语言。
5. 学习不限制形式，轻松一点最好，但是要严格。
6. 切忌自欺欺人。
7. 学会分享。

童
程
童
美

课后心得

答案解析

第一课　写文字和警告框

（1）[答案]

A. 绝对路径

B. 相对路径

C. 绝对路径

D. 相对路径

[解析]

绝对路径是指从盘符或者从根开始的路径，相对路径是指当前文件路径到指定文件的路径。

（2）[答案]B

[解析]

A 选项，大声唱歌，没有用双引号。

C 选项，方法名写错了，应该是 fillText 方法。

D 选项，小括号里 x、y 坐标与题目要求不符，应该为（300，200）。

（3）[答案]C

[解析]

A 选项，因为我们在程序中代码是顺序执行的，所以应该把属性设置写到写文字方法的上面。

B 选项，设置字体大小和样式的格式错误，应该是 ctx.font = "60px 隶书 "。

D 选项，在属性设置上 60px 与隶书之间用的是空格，不应该是逗号。

（4）[答案]A

[解析]

B 选项，括号中的文字没有添加双引号。

C 选项，方法用错，应该为 alert 方法。

D 选项，这里用的是写文字的方法，与题目不符，应为 alert 方法。

（1）[解析]

先设置文字属性，再调用写文字方法。

代码如下：

```
ctx.font = "70px 楷体 ";
ctx.fillText(" 小明 ", 100, 200);
```

（2）[解析]

调用 alert 方法。

代码如下：

```
alert (" 小明 ");
```

必做题

[解析]

小型敌机的宽度：57，小型敌机的高度：51。

中型敌机的宽度：69，中型敌机的高度：95。

根据题目中的示意图可知：第一排中间小型敌机的坐标为（222,410），第一排小型敌机水平排列，它们的 y 坐标均为 410。由于小型敌机的宽度为 57，因此，从左往右数第二架小型敌机的坐标为 222-57=165，从左向右数第一架小型敌机的坐标为 165-57=108。同理，第四架小型敌机的坐标为 222+57=279，第五架小型敌机的坐标为 279+57=336。通过观察发现，第二排中间的小型敌机和第一排中间的小型敌机垂直排列，它们的 x 坐标不变。由于小型敌机的高度为 51，第一排中间的小型敌机的 y 坐标为 410+51=461。进而，我们可以得知第二排的小型敌机的坐标分别为（165,461）、（222,461）和（279,461）。

代码如下：

```
window.onload = function() {
    ctx.drawImage(bg, 0, 0);
    ctx.font = "80px 华文琥珀 ";
    ctx.fillStyle = "red";
    ctx.fillText( "飞机大战 ", 80, 325);
    ctx.drawImage(enemy, 108, 410);
    ctx.drawImage(enemy, 165, 410);
    ctx.drawImage(enemy, 222, 410);
    ctx.drawImage(enemy, 279, 410);
    ctx.drawImage(enemy, 336, 410);
    ctx.drawImage(enemy, 165, 461);
    ctx.drawImage(enemy, 222, 461);
    ctx.drawImage(enemy, 279, 461);
    ctx.drawImage(enemy2, 216, 512);
    alert(" 游戏即将开始 ");
}
```

选做题

[解析]

小飞机图片宽：57 小飞机图片高：51。

以上飞机坐标是怎么得到的呢？我们可以先拟定第一架飞机的 y 坐标为 100，x 坐标为画布的水平中心点，画布宽 480px，x 轴的中心位置为 240px。飞机的 x 坐标可以用 240 这个值吗？答案是否定的，不可以，程序中的图片是以它左上角的点为坐标点，所以 x 值用 240，此时我们的图片会往右偏，要想让图片保持居中，需要把图片往左移动半张图片的宽度（57/2），所以要在 240 这个值的基础上减去 57/2，这也就是第一张图片的 x 坐标。有了第一张图片的 x、y 坐标，根据这个坐标可以类推出剩余飞机的坐标值。

代码如下：

```
enemy.onload = function() {
    ctx.drawImage(enemy, 480/2-57/2, 100);
    ctx.drawImage(enemy, 480/2-57-57/2, 151);
    ctx.drawImage(enemy, 480/2+57-57/2, 151);
    ctx.drawImage(enemy, 480/2-57*2-57/2, 202);
    ctx.drawImage(enemy, 480/2+57*2-57/2, 202);
    ctx.drawImage(enemy, 480/2-57-57/2, 253);
    ctx.drawImage(enemy, 480/2+57-57/2, 253);
    ctx.drawImage(enemy, 480/2-57/2, 304);
}
```

第二课　变　　量

（1）[答案]" 三年一班 "

[解析]

因为变量 c 赋值的内容为三年一班，所以横线处应填写的代码为：" 三年一班 "。

（2）[答案]D

[解析]

根据变量名的命名规则可以知道：

A 选项，变量名中不能包含空格。

B 选项，变量名只能由字母、数字、下画线（ _ ）和美元符（ $ ）组成，@ 符号不能出现在变量名中。

C 选项，变量名不能以数字开头。

（3）[答案]age = 10；

[解析]

变量已经声明，重新赋值时直接可以写成：变量名 = 赋值的内容，所以对变量 age 重新赋值为 10，相应的代码为：age = 10。

（4）[答案]B

[解析]

从代码中可以知道：第 1 行代码声明了变量 a，并赋值为 2，第 2 行代码声明了变量 b，并赋值为 3， 第 3 行代码 a = 3, 即将变量 a 的值重新赋值为 3，所以 a+b 等价于 3+3，结果为 6，即代码的运算结果为 6，所以正确的选项是 B。

（5）[答案]B

[解析]

从代码中可以知道：第 1 行代码声明了变量 x，并赋值为 100，然后第 2 行代码变量 x 在自身基础上增加 10，100+10=110， 所以在警告框中显示的 x 的值为 110，正确选项为 B。

[解析]

(1) 声明变量 c 赋值为自己的班级，并在警告框上显示自己的班级，代码如下：

```
var c = " 三年一班 ";
alert(c);
```

(2) 我换班级了，将变量 c 赋值为新班级，并在警告框上显示自己的新班级，代码如下：

```
var c = " 三年一班 ";
c = " 三年二班 ";
alert(c);
```

(3) 声明变量 age 赋值为自己的年龄，并在警告框上显示自己的年龄，代码如下：

```
var age = 9;
alert(age);
```

(4) 我长大了 1 岁，给变量 age 重新赋值，并在警告框上显示自己的新年龄，代码如下：

```
var age = 9;
age = 10;
alert(age);
```

必做题

[解析]

(1) 声明变量 s，并且赋值为自己的考试分数，代码如下：

```
var s = 89;
```

（2）平时表现好，加 10 分，代码如下：

```
s = s + 10;
```

（3）使用变量 s，将最终的考试成绩显示在警告框上，代码如下：

```
var s = 89;
s = s + 10;
alert(s);
```

将考试的最终成绩显示在警告框上，显示效果如下：

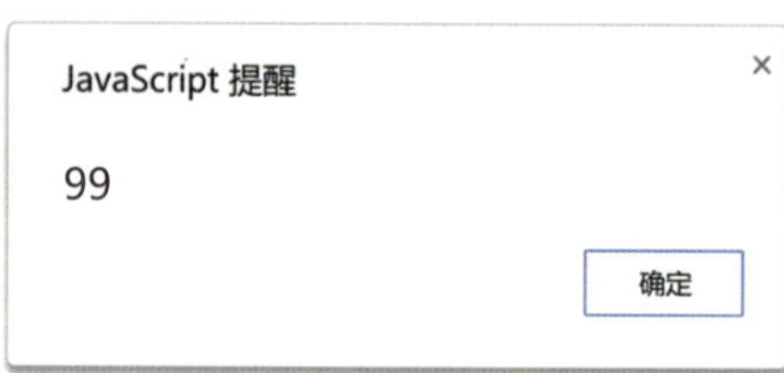

选做题

[解析]

（1）声明变量 x，并且赋值为第一架敌机的 x 坐标，代码如下：

```
var x = 100;
```

（2）声明变量 y，并且赋值为第一架敌机的 y 坐标，代码如下：

```
var y = 30;
```

（3）使用变量 x 和 y，将第一架敌机画在画布上，代码如下：

```
ctx.drawImage(enemy, x, y);
```

（4）由于两架飞机是垂直的，因此 x 坐标相同都为 100，利用变量的可变性，使 y 坐标在自身的基础上增加 50，计算出第二架敌机的 y 坐标，代码如下：

```
y = y + 50;
```

（5）使用变量 x 和 y，将第二架敌机画在画布上，代码如下：

```
ctx.drawImage(enemy, x, y);
```

完整代码如下：

```
var x = 100;
var y = 30;
ctx.drawImage(enemy, x, y);
y = y + 50;
ctx.drawImage(enemy, x, y);
```

使用变量，在画布上画出两架垂直的敌机，显示效果如下：

第三课　定时器

（1）[答案]B

[解析]

在用变量 name 存储张小利的时候，张小利需要加双引号，因为张小利是一个字符串，当 name 与字符串拼接的时候要用到字符串拼接符（+）。

（2）[答案]D

[解析]

setInterval 方法的时间间隔单位为毫秒。

（3）[答案]A

[解析]

定时器要做的事情都要写在 function( ){ } 的大括号中。

（4）[答案]A

[解析]

因为背景的 y 轴方向的值比飞机 y 轴方向的值变化大。

（5）[答案]alert(" 我的班级为：" + c);

[解析]

变量 c 里面存储的是一个字符串，" 我的班级为：" 也是一个字符串，用字符串拼接符（ + ）把它们拼接起来在 alert 中进行显示。

（6）[解析]

A 处代码表示定时器要做的事，B 处代码表示定时器的时间间隔。

（7）[答案]y1 = y1 + 1;

y2 = y2 + 3;

[解析]

让飞机 y 轴值的变化大于背景 y 轴值的变化就可以了。

[解析]

首先声明变量存储变化的数字并赋初始值为 0，使用定时器时间间隔为 2 秒，即 2000 毫秒，定时器要做的事是每隔 2 秒自增 5 并在警告框上显示数字。

代码如下：

```
var n = 0;
setInterval (function() {
    n = n + 5;
    alert (n);
}, 2000);
```

必做题

[解析]

我们要显示出图所示效果，需要让写的文字每次 y 坐标值递增。

代码如下：

```
var y = 0;
setInterval (function() {
    y = y + 40;
    ctx.font = "40px 宋体 ";
    ctx.fillStyle = "violet";
    ctx.fillText (" 我的名字 ", 160, y);
}, 1000);
```

选做题

[解析]

首先计算较大数减较小数的差，然后再用较大数减去这个差，得到较小数赋值给 y，再用 y 加上之前的较大数与较小数的差，得到较大数赋值给 x，完成两数的交换。

```
var x = 5;
var y = 8;
x = y - x;
y = y – x;
x = y + x;
```

第四课　prompt( ) 方法和 if 语句

(1) [答案]C

[解析]

A 选项，x != y，中间用不等于号连接，11 不等于 17，为真 (true)。

B 选项， x < y，11 小于 17，为真 (true)。

C 选项， x > y，11 不大于 17，为假 (false)。

(2) [答案]A

[解析]

变量 age 被赋值为 8，所以 8 > 18 为假，if 大括号里的语句不会被执行。

(3) [答案]A

[解析]

result 被赋值为 true(真), 而 result 是 if 的判定条件，所以 if 大括号里的语句会被执行，score 的初始值为 50，加上 10 以后为 60。

(4) [答案]C

[解析]

A 选项，a > b a == b a 等于 b 为假。

B 选项，a < b a != b a 小于 b 为假。

D 选项，a <= b a != b a 小于等于 b 为假。

(5) [答案]A

[解析]

height 被初始化为 4，4 < 6 为真，所以 if 语句大括号里的代码会被执行。

[解析]

题目要求输入星期，如果是“星期六”或者“星期日”，在警告框中显示“今天随便玩！”，代码如下：

```
var week = prompt(" 请输入星期：");
if (week == " 星期六 ") {
    alert (" 今天随便玩！ ");
}
if (week == " 星期日 ") {
    alert(" 今天随便玩！ ");
}
```

必做题

[解析]

使用 prompt 方法接收用户输入的水果，使用 if 语句来判断是否输入的是苹果，代码如下：

```
var fruit = prompt(" 请输入水果的名字： ");
if (fruit == " 苹果 ") {
    alert(" 快到碗里来！ ");
}
```

[解析]

需要用到定时器，每隔一秒钟画一架飞机，但我们只需要 5 架飞机，所以还需要一个判定条件，当超过 5 架飞机时就不再执行画飞机的代码，代码如下：

```
var n = 0;
var x = 0;
var y = 0;
setInterval (function() {
    n = n + 1;
    x = x + 55;
    if (n <= 5) {
        ctx.drawImage (enemy, x, y);
    }
}, 1000);
```

第五课　if 语句

（1）[答案]D

[解析]

prompt 是信息提示输入框。

（2）[答案]B

[解析]

因为 89 小于 90，所以 if 条件为 false，执行 else 大括号中的代码。

（3）[答案]B

[解析]

if 条件里面的变量被初始化为 false，条件为假，所以执行 else 大括号中的代码。

（4）[答案]B

[解析]

a < b 为 true，逻辑非取反以后为 false，所以执行 else 大括号中的代码。

（5）[答案]

[解析]

对应的点数变量 r 的值为对应的数字，根据判断条件执行相应大括号中的代码。

(6) [答案]C

[解析]

两个以上的条件需要判断的时候，使用 else if 语句。

(7) [答案]C

[解析]

程序是由上到下逐条运行的，1900 这个条件首先会和 1600 进行比较，结果为 false，会跳过嵩山的执行语句，与 1800 进行比较，结果也为 false，泰山的语句也会被跳过，当与 2000 进行比较时， 结果为 true，会执行黄山的语句，由于每个判定条件都由 else 相连，条件里只能被执行一条，所以后面的条件程序会直接跳过。

(8) [答案]E

[解析]

当所有的判定条件都不满足时，程序会执行 else 后面没有条件的那条语句，也就是不在旅游计划中。

(9) [答案]A

[解析]

60 >= 60，条件为真，执行第一个大括号里的代码。

(10) [答案]" 大家好 "

[解析]

prompt 方法把获取的字符串赋值给了变量 s，而这个字符串为“大家好” 。

[解析]

代码如下：

```
var n = prompt(" 请输入 1~3 之间的整数：");
if (n == 1) {
    alert (" 大家好！ ");
} else if (n == 2) {
    alert (" 我叫王小利 ");
} else if (n == 3) {
    alert (" 我喜欢学习程序设计！ ");
} else {
    alert (" 你输入的数字不在范围内！ ");
}
```

必做题

[解析]

用 else if 语句，代码如下：

```
var s = prompt(" 请输入 A、B、C 其中的一个字母：");
if (s == "A") {
        alert ("A 类信息 ");
} else if (s == "B") {
        alert ("B 类信息 ");
} else if (s == "C") {
        alert ("C 类信息 ");
} else {
        alert (" 无效信息 ");
}
```

选做题

[解析]

如果能被 2 整除，说明是偶数，不能被 2 整除就是奇数。

代码如下：

```
var num1 = prompt(" 请输入第一个整数：");
var num2 = prompt(" 请输入第二个整数：");
var num3 = prompt(" 请输入第三个整数：");
if (num1 % 2 != 0 || num2 % 2 != 0 || num3 % 2 != 0) {
    if (num1 % 2 != 0) {
        alert (num1);
    }
    if (num2 % 2 != 0) {
        alert (num2);
    }
    if (num3 % 2 != 0) {
        alert (num3);
    }
}
```

第七课　方　　法

（1）[答案]A

[解析]

B 选项，var 为声明变量的关键字。

C 选项，if 语句用于条件判断。

D 选项，alert 用于弹出警告框。

（2）[解析]

1）创建方法的关键字：function。

2）方法名：sum。

3）方法的参数：x 和 y。

4）方法的返回语句：return x + y。

5）调用方法的语句：sum(30, 20)。

6）接收返回值得变量名：m。

7）程序的执行结果：50。

（3）[答案]D

[解析]

根据代码可知，创建了一个 sum 方法，并且带有两个参数 s1 和 s2，该方法有返回值，返回 s1 与 s2 的和。在调用 sum 方法的时候传入参数 5 和 7，所以返回值为 5+7 = 12，即变量 a 的值为 12，所以代码执行的结果为：12，D 选项是正确的。

（4）[答案]B

[解析]

该题创建了一个 sum 方法，并且带有两个参数 x 和 y，该方法有返回值，返回 x 与 y 的和。在调用 sum 方法的时候传入参数 3 和 4，但是在方法当中将 x 重新赋值为 9，所以返回值为 9+4 = 13，即变量 s 的值为 13，所以 B 选项是正确的。

（5）[答案]B

[解析]

根据代码可知，创建了一个名为 step 的方法，调用方法的写法为：方法名 ()，即 step()，所以 B 选项是正确的。

（1）[解析]

定义一个名为 mul 的方法计算两个参数的乘积，实现的代码如下：

```
function mul(x, y) {
    return  x * y;
}
var res = mul(3, 5);
alert("3 * 5 = " + res);
```

（2）[解析]

定义一个名为 cal 的方法，该方法有 3 个参数，进行相应的计算并返回计算后的结果，实现的代码如下：

```
function cal(x, op, y) {
    if (op == "+") {
        return  x + y;
    } else if (op == "-") {
        return  x – y;
    } else if (op == "*") {
        return  x * y;
    } else if (op == "/") {
        return  x / y;
    }
}
var res = cal(3, "+", 5);
alert("3 + 5 = " + res);
```

必做题

[解析]

定义一个名为 cal 的方法，计算 a+b-c 的结果，实现代码如下：

```
function cal(a, b, c) {
    return  a + b - c;
}
var res = mul(10, 5, 3);
alert("10+5-3=" + res);
```

选做题

[解析]

定义一个名为 play 的方法，在警告框中显示“我经常玩篮球”。

代码如下：

```
function play(name) {
    return  " 我经常玩 " + name;
}
var game = play(" 篮球 ");
alert(game);
```

第八课　对象（属性和方法）

（1）[答案]C

[解析]

A 选项，color 前面没有“this. ”。

B 选项，red 没有双引号，color 前面没有“this.”。

D 选项，red 没有双引号。

（2）[答案]D

[解析]

访问对象属性用：对象名 . 属性名，所以是 pencil.color。

（3）[答案]B

[解析]

因为在构造方法中定义方法时应为 this. 方法名 = function(){ ......}。

A 选项， 方法名前缺少 this.。

C 选项， 缺少 this. 和 function(){ ......}。

（4）[答案]B

[解析]

调用对象的方法为：对象名 . 方法名 ()。

A 选项，pen 不是对象名。

C 选项，方法名后面没有加小括号。

D 选项，Pencil 不是对象名。

（1）[解析]

根据要求实现代码如下：

```
function Car () {
    this.type = " 大巴 ";
    this.color = " 白 ";
    this.number = "123456";
    this.drive = function() {
        alert(" 开 "+ this.type + " 车！ ");
    }
}
var bus = new Car ();
alert(bus.type + ":" + bus.color + ":" + bus.number);
bus.drive();
```

（2）[解析]

根据要求实现代码如下：

```
function Teacher(name, course, gender) {
    this.name = name;
    this.course = course;
    this.gender = gender;
    this.teach = function() {
        alert(this.name + " 老师教授 " + this.course);
    }
}
var teacher = new Teacher(" 张小明 ", " 编程 ", " 男 ");
alert(teacher.name + ":" + teacher.course + ":" + teacher.gender);
teacher.teach();
```

必做题

[解析]

根据要求实现代码如下：

```
function Animal() {
    this.type = " 老虎 ";
    this.age = "2 岁 ";
    this.weight = "10kg";
    this.eat = function() {
        alert(this.type + " 在吃东西！ ");
    }
}
var tiger = new Animal ();
alert (tiger.type + ":" + tiger.age + ":" + tiger.weight);
tiger.eat();
```

必做题

[解析]

根据要求实现代码如下：

```
function  Pen() {
    this.draw = function(name, type) {
        alert(name + " 在用 " + type + " 画画 ");
    }
}
var pen = new Pen();
pen.draw(" 小利 ", " 铅笔 ");
```

第九课　对象（传参）

（1）[答案]C

[解析]

A 选项，Student 是构造方法名，不是对象名，而且调用对象的方法，方法名的后面应加上小括号。

B 选项，study 方法后面需要添加小括号。

（2）[答案]A

[解析]

stu1.study(); 此处调用的是 stu1 对象的方法，而 stu1 对象里的方法传的参数是

“小明”和“男”。

（3）[答案]B

[解析]

A 选项里的构造方法中，属性前没有 this. ，定义属性时要用 this. 属性名。

（4）[答案]B

[解析]

构造方法中的方法同构造方法中的属性一样，要拥有属于此构造方法的名字，A 选项中，构造方法中的方法是普通方法的定义方式，没有用到 this. 为方法指定名称。

[解析]

代码如下：

```
function Book(name, type, price) {
    this.b_name = name;
    this.b_type = type;
    this.b_price = price;
    this.read = function(personName) {
        alert (personName + " 正在读 " + this.b_name + " 书 ");
    }
}
var book = new Book (" 编程 ", "IT", "89");
var personName = prompt (" 请输入你的名字 ");
book.read(personName);
```

必做题

[解析]

代码如下：

```
function Fruit(type, color, size) {
        this.type = type;
        this.color = color;
        this.size = size;
        this.eat = function() {
                alert (" 吃 "+ this.type);
        }
}
var fruit = new Fruit(" 水果 ", " 红色 ", " 小个 ");
fruit.eat ();
```

选做题

[解析]

代码如下：

```
function Maths(type, num) {
      this.type = type;
      this.num = num;
      this.formule = function () {
            if (this.type == " 正方形 ") {
                    alert (" 正方形周长为 ：" + this.num * 4);
            }
            if (this.type == " 圆形 ") {
                    alert (" 圆形周长为 ：" + this.num * 6.28);
            }
      }
}
var square = new Maths (" 正方形 ", 5);
square.formule ();
var circle = new Maths (" 圆形 ", 4);
circle.formule ();
```

第十课　随机数和数组

（1）答案 ：1）Math.random(); 2）Math.random()*10; 3）Math.random()*50+50;

[解析]

1）产生随机数的方法是 Math.random()。

2）产生 [0,10) 之间的随机数使用 Math.random() 的方法，在该方法的基础上乘以 10 即可，代码如下：Math.random()*10。

3）产生 [50,100) 之间的随机数，使用 Math.random() 方法，在该方法的基础上乘以 50（100-50），然后将结果加 50 即可，代码如下：Math.random()*50+50。

（2）[答案]D

[解析]

产生随机数 Math.random() 方法的取值范围为 [0,1），0 ~ 1 之间，包含 0，不包含 1， 所以正确选项为 D。

（3）[答案]B

[解析]

我们看代码 var x = Math.random()*30+50, 同时我们也知道 Math.random() 产生的随机数的范围为 [0,1），所以 Math.random()*30 的取值范围为 [0,30)，在此基础上再加上 50，整个表达式的取值范围为 [50，80), 所以生成的随机数 x 的范围为 50<= x < 80，正确选项为 B。

（4）[答案]A

[解析]

创建数组时赋值运算符右边要用“[ ]”中括号，以下选项 B、C、D 都是错误的用法。

（5）[答案]C

[解析]

数组的第一个元素下标为 0，第五个元素下标为 4，所以 a[4] 代表 5，在警告框中显示，代码为 alert (a[4]);。

[解析]

实现要求代码如下：

```
var n = Math.random() * 500 + 500;
alert(" 生成的 500~1000 之间的随机数为：" + n);
```

必做题

[解析]

实现要求代码如下：

```
var n = Math.random() * 1000 + 1000;
alert(" 生成的 1000~2000 之间的随机数为：" + n);
```

选做题

[解析]

实现要求代码如下：

```
var num1 = Math.random() * 9 + 1;
var num2 = prompt(" 请输入一个 1-10 之间的数字： ");
if ( num1 > num2 ) {
      alert(" 随机数大于输入数字 ");
} else if ( num1 < num2 ) {
      alert(" 输入数字大于随机数 ");
} else {
      alert(" 随机数等于输入数字 ");
}
```